大足文化

重複的力量

單調沒成就感的事，
力的保證

胡碩勻／著
信達聯合會計師事務所會計師
圓子夢共同創辦人、Wish Stone 發明人

本書寫給所有相信《祕密》卻還沒心想事成，
或者根本不相信《祕密》的人。

CONTENTS

推薦序 重複想像就能美夢成真／黑幼龍 009
推薦序 重複，讓願望自動實現／李佳穎 013
推薦序 重複，陪我走過低潮／郭書齊 019
推薦序 一千五百個客戶，來自一萬小時的淬鍊／黃美齡 023
自　序 舒適，其實是一種魔咒 027

第一章 重複想像，我踏出「心想事成」的第一步 039

每當默想一遍我要有自己的事業，我就按計數器一下：一、二、三、四、五、……五十、六十、一百、兩百……，神奇的事情居然發生了，我整個人開始熱血沸騰，突然好想實現這個願望。

我要動起來，不管如何，我一定要做到！

第二章 「重複」很單調，怎麼會有力量？

049

不斷重複的話語會長久地駐紮在我們腦中無意識的深層區域，
這裡正是我們行為動機形成的地方。
雖然過了一段時間，我們會忘記是誰說了這些話，
但是我們會對這些話深信不疑。

第三章 我怎麼重複：寫下願景、重複計數、行動一%

075

想像三百次會讓你消除自我懷疑，
想像一千次會讓你感覺更好、養成嶄新的好習慣，
想像三千次讓你勇氣百倍、有了長足進展，
想像六千次後，你將煥然一新。

CONTENTS

第四章 怎麼重複，才不會半途而廢？ 095

同一個願望或同一個目標，我們可以換一下許願詞語，
換換激勵的語助詞，把Yes變成Great，
或是修改想像畫面，甚至替自己換件衣服及配飾。
練習變換想像畫面，容易讓行為持續，
也能夠鍛練想像力及創造力，何樂而不為。

第五章 重複真有用，為什麼你做不到？ 119

只要某個方法很好，
很多人就會建議你「每天要……、不間斷……」：
每天對著鏡子說我很棒、每天讀英文半小時、
每天按摩拉筋十分鐘、每天做一件有意義的事……。
天呀，「每天」這二個字的壓力實在太大了，
是一種永無止境的感覺。
所以，我們不該「每天」，只要「重複」。

第六章 願景單得這樣寫：有畫面、分階段、向誰下單 147

隨著重複次數的增加，我們原本不夠具體、
自我矛盾、懷疑的心靈會逐漸有細微的變化，
這個變化有時會非常細微，有時會有突破性的成長，
當你的願景寫得越來越清楚，越能感到置身其中。

第七章 追求大數的魔力 171

想要成功，你對成功的渴望必須要遠大於你對失敗的恐懼。
請問你有多渴望？如何形容你的渴望？
最好的方法就是數字化。
為了出版這本書，我已經重複想像六千次了，你呢？

CONTENTS

附錄　重複的力量幫你成功理財　193
後記　故事不會就此結束，而是更多開始　205

推薦序

重複想像就能美夢成真

文／黑幼龍（卡內基訓練機構大中華區負責人）

去年碩匀來找我，拿了一本他自己寫的書稿與簡報，跟我談談他的發現與體驗，並請我提供指導與建議。讓我回想起當年剛認識碩匀時的情景。

他高三剛考完大學要去成功嶺當兵前的暑假，來上過卡內基青少年班，當時的他上台時雙腳還會不停的發抖，但幾回短講後就在班上得到了「最大進步獎」，之後大學時也回卡內基擔任輔導學長的志工，協助學員提升自信與表達力，就業後也曾到輔仁大學說明會示範短講，做回饋。

在談話中，碩匀不斷跟我提到卡內基的金科玉律第一條原則：「不批評、不責備、不抱怨」，有些人做到了，因此生活與職涯皆有好人緣，但也有許多人即使了解三不的重要性，還是不斷批評與抱怨。他說如果我們覺得「三不」那麼重要，何不設下重複的目標次數，並用行動一％來實踐。

人不喜歡被說教，卻喜歡聽故事

聽碩勻講完方法後，我跟他說：「這個方法很有獨創性，真有意思，只要重複想像，就能美夢成真！」但人都不喜歡被說教，卻喜歡聽故事，所以我要他去找人做更多的實驗，寫出更多有關人的故事，之後再來跟我回報。

一年多後，碩勻又來找我了，而且還帶了一本內容相當精采的新書，裡面有太多好聽的故事，他用故事來說理，還有許多人如何應用重複想像的心路歷程，能有碩勻這樣的學生，我實在太高興了，我要再頒一次「最大進步獎」給碩勻。

本書所提倡的「心想事成的重複計數法則」其實非常簡單，就是對想要達成的事，訂出明確的重複想像目標數量，而非漫長與枯燥的每天練習；再來就是當重複想像一千次時，投入相關行動至少十次（就是行動一%），只要徹底執行，心想事成絕非夢事。

推薦序

重複，讓願望自動實現

文／李佳穎（中研院語言學研究所．心理學博士）

我和碩勻結緣於社區的瑜珈課，印象中，這位長相斯文的鄰居，上起瑜珈課時總像個拚命三郎，每個動作都認真到位，連老師都忍不住要提醒他「千萬別太勉強啊」！幾次下課的閒聊中，碩勻會談起一些如何進行自我探索的想法，受過心理學訓練的我，很快的感受到這位專業會計師還真是特別。但我還是持續隱瞞著自己心理學的專業背景，因為自從大學進了心理系，我已厭倦了親友每回看到我就問：「妳知道我心裡在想什麼嗎？」更何況現在已經拿到博士，儼然是個恐怖的心理學家。

有一回，碩勻又聊起了如何激勵自己，將想法化為具體行動的經驗，我忍不住分享了自我暗示的概念，這下子我的真實身分就曝光了，於是碩勻認真的說：「我可以到你家再跟你聊聊嗎？」老實說，當時心裡還真是忐忑，因為我非常害怕許多人誤用心理學概念，自己又不知道從何解釋起。

但沒想到，和碩勻深談之後，我發現原來枯燥的心理學理論可以和現實生活產生如此完美的結合。碩勻聊起了偶然開始使用計數器，進行類似「發願」的行動，以及一連串在他的生命中產生的變化，乃至於將計數器設計成「許願石」，希望可以幫助更多人完成夢想。

重複，就是一種自動化

重複的力量，從心理學乃至神經科學，早已被驗證。以我們日常生活的語言處理為例，一個比較常見的字或詞，我們總是能比較快也比較正確的把它念出來（在心理學實驗中可以測量反應時間），用現代認知神經科學測量大腦的活動，也可以發現，要認出常見的詞所需要的大腦活動量也比較低，表示我們的腦對於常見的詞建立了比較好的神經連結，有比較好的預備處理狀態。這種現象在學術圈叫做「頻率效果」，舉凡語言、注意力或記憶力的研究中，都是一種基礎現象。

我們在學習閱讀或其他任何技能時，也需要重複。所以，孩子上學要反覆練習寫生詞，念課文。美國職籃明星林書豪要反覆練習不同位置的投籃，最後可以不需要思考，讓身體記住不同位置的投籃姿勢。這個概念在認知心理學裡頭叫做「自動化」。自動化意味著藉由不斷的練習重複，最後只需要耗費很少的認知資源，就可以完成整個動作程序。一個人被自動化的程序越多，可以學更多技能的潛力就越大。一個工廠的自動化程序越多，所需要的員工越少，產量也越大。

這個過程就像我們在學習閱讀，一開始得費力的學寫字，經過無數的練習，最後發展到可以流暢的閱讀小說，而這時候，你早已忘記曾幾何時你也歷經多一撇少一劃，老是被罰寫的辛苦了。

數字本身就有能量

許多技巧可以藉由重複來學習，但對於「願望」這種抽象概念，由於它沒有清楚的程序步驟，很難藉由重複產生自動化。一些有強烈動機的人，他們會一次又一次的多想一些，讓這個概念在心裡留下刻痕。但對於絕大多數的人來說，如果沒有一個外在的提醒，其實某個意念或動機，可能三天後就消失於無形。十年過後，也許在某個場合會勾起你過往的回憶：「多年前我也曾經這麼想過，只是沒能付諸行動。」

碩勻談起他利用計數器重複自己的意念，隨著計數器上的數字增加，自己也獲得更多的能量。這種無形的獎賞，相信許多人在跑步機上看著自己走的里程數時也曾有類似的感受。已經跑了二四六八公尺，那就多撐一點，湊個二五〇〇的整數吧！到了二五〇〇，又會想著要不要破個記錄到三〇〇〇呢？對小小孩的獎賞也是一樣，每天說你做得好棒，可能不如一張可愛貼紙的視覺效力。湊了五張小貼紙還想換一張大貼紙，而大貼紙可以換得什麼，其實未必是絕對重要的。這就是數字的魔力，驅使人產生具體動機的重複力量！

碩勻這一連串在生命中的實踐，在我的眼中，正可以用許多心理學的小理論串連起來。碩勻未必知道這些心理學上的專業理論，但在他闡述這些實際的生活體驗時，他很努力的去找背後的解釋，希望這樣的經驗能讓更多人受益。也讓多年從事理論研究的我，有了反思理論與生活之間連結的機會。讓我不得不對這位我遇過最最特別的專業會計師，豎起大拇指。

說到這邊，讓我想起之前的一部奧斯卡電影「鐵娘子」，這位英國前首相柴契爾夫人說過的一段話：

重複的力量

思想會化成語言，（Watch your thoughts, for they become words.）
語言會化成行動，（Watch your words, for they become actions.）
行動會變成習慣，（Watch your actions, for they become habits.）
習慣會變成個性，（Watch your habits, for they become your character.）
而個性會決定命運！（Watch your character, for it becomes your destiny.）
我們怎麼想，決定自己成為什麼樣的人。（What we think we become.）

碩勻的這本書，為這段話留下最棒的註解，與你分享。

推薦序

重複，陪我走過低潮

文／郭書齊（地圖日記、Photo123創辦人）

我和弟弟郭家齊從二〇〇七年開始創業，在過去這幾年中，常常有人會告訴我他有多想跟我一樣也自行創業，也告訴我他現在開始在上創業的課程，或是跟我分享多棒的創業點子。

可惜的是，五年過去了，真正勇敢跨出這一步的人還是很少，這一切的關鍵都不在於有沒有累積當老闆所需要的技能，也不在於有沒有好的創意，而是多數人不想跨出那個習慣很久的舒適圈。

「每天可以朝九晚五固定上下班！有什麼不好。」

「下班後就是自己的自由時間！有什麼不好。」

重複的力量

「不用像老闆一樣擔心公司資金的問題！有什麼不好。」

所以即使過了五年、十年，「創業」永遠都只是平常閒聊的話題，尤其當我們和以前的同學見面時，更會赫然發現人生中很多的豪情壯志，竟然可以隨著時間的變化消逝得如此快。

人生最重要的不是長度，而是深度，有沒有讓自己的人生變得更豐富。在我創業的初期，資金不夠、資源很少，但競爭卻很多，每次遇到挫折時，我和弟弟總是不斷告訴自己：「只要撐下去，有一天一定會成功。」

「只要撐下去，有一天一定會成功」，就是這句話讓我們從地圖日記，到百萬網友團購網，再到Groupon台灣分公司，以及現在的Photo123和Buy365敗衣網，就是因為我們不斷重複這一句話：「只要撐下去，有一天一定會成功」，讓我們潛意識完全相信「只要撐下去，有一天一定會成功」，也讓我們在遇到困難與挫折時不再感到害怕。

以前，我總把這個過程當作「自我催眠」，但看了碩勻的新書，我才發現，原來這就是重複的力量，因為不斷重複一個簡單的訊息，讓我們在面對挫折時更勇敢，也讓我們的鬥志與意志力更堅強。

人生好玩的事情很多，多嘗試一些新的東西吧，如果你還是待在安穩的舒適圈中不想跨出那一步，建議你好好試試重複的力量！不斷重複自己的夢想與渴望，相信你很快就會具備跨出舒適圈的勇敢與力量。

（郭書齊、郭家齊兄弟在二〇〇五年創辦地圖日記網站，二〇〇八年獲得全球網路選秀大獎，二〇一〇年成立百萬網友團購網，該年年底即被國際團購網站Groupon高價收購，目前兩人成立創業家兄弟股份有限公司，成立Photo123和Buy365敗衣網。）

推薦序

一千五百個客戶，來自一萬小時的淬鍊

文／黃美齡（壽險百萬圓桌協會終身會員）

我大學和研究所念的是外語，原本從事英語教學與翻譯工作，十五年前因緣際會，轉換跑道，進入壽險行銷的行業。話說從十五年前開始有了第一位客戶後，到今天我居然也累積了超過一千五百位以上的客戶，想當初如果我知道必須開發出這麼多客戶，大概馬上怯步吧！然而這一切是怎麼開始的？

就像我的好朋友碩勻在這本書中所提到的：反覆練習

碩勻在書中提到，重複的神奇數字是一萬小時，在任何一個領域，想要具備世界級專家的專業素養，需要超過一萬小時的反覆練習。對於像我這樣的壽險顧問而言，最重要的核心能力就是與客戶對談。如果每天與客戶有效對談四小時，一星期五天，一年以五十個工作週計，經過整整十年，剛好可以達到一萬個小時的淬鍊，才能擠身世界級的水準。如果以百萬圓桌的標準，合格十次，才能取得終身會員的資格，正好呼應此一觀點。

在我父親那個講究師徒制的年代，當學徒要經過三年四個月，也就是四十個月才能出師，因為當時的學徒是全年無休的，如果換算成工時，約當要每天工作八個多小時，經過連續四十個月的淬鍊，也就是達到一萬個小時後才能獨當一面，自立門戶。

想像逼真，夢想成真

從事業務工作最難的地方就是突破現況，精益求精，然而大部分人常常裹足不前，有心無力。雖然勵志故事與動人演講偶而會鼓舞人心，但總不能持久！到底要如何才能找到行動背後的動力？

《重複的力量》給了我們最好的解答。作者胡碩勻在書中不僅跟大家分享許多因為運用重複法則而獲致成功的例子，更羅列了有效的方法，也舉出了實用的工具。

重複除了運用在行動上，也必須不斷的運用想像。所謂想像逼真，夢想成真，在重複行動之前，要先重複想。既然是要想「像」，就要有「影像」，只有透過不斷的將夢想具像化，才可能實現。

然而，說到「不斷」總是太過沉重，有沒有更好的方法？有的！作者提出一%的法則，每想像一百次，就行動一次，每一次行動，就會讓我們離夢想越來越近。原來只要用對方法和工具，不管是減肥瘦身，考試求職，雖不是垂手可得，也不再是遙不可及。

我的好朋友胡碩勻雖然從事的是看似冰冷的會計工作，但內心卻充滿了對生命的熱情。這份強大的熱情驅動他，在繁忙的工作之外，不斷的追求內

重複的力量

心的想望，更難能可貴的是，他非常樂意跟大家分享他的創見和實踐。樂見碩勻出版了人生的第一本書，更高興能有機會為此書贅述數語，希望不論是青年學子或業務同儕，在跌跌撞撞的尋夢過程中，都能從此書中找到適合的方法和工具，在想像逼真之餘，能懷著夢想奮起，祝福大家美夢成真！

自序
舒適，其實是一種魔咒

「別傻了，現在這樣也很不錯，」

這是阻礙我人生十幾年最可怕的一句話。

當我告訴朋友我即將出版一本書，多數人都認為主題一定是跟會計或稅務有關，因為我的職業是會計師，天天接觸的都是一板一眼、冷冰冰的數字。而當我告訴大家，這本書的內容是：如何用你最討厭又單調的重複，然後不斷想像，就能達到你最想要的改變與計畫時，每個人都很驚訝的看著我說：怎麼可能？

當然有可能，因為我人生裡面最重大的進步與改變，都是來自「重複的力量」，因為重複，我勇敢走出舒適圈，認識許多貴人，讓原本充滿負面思考與矛盾的人生，充滿無比熱情與希望。

自恃小聰明，缺乏企圖心

小時候我長得像隻猴子，因為矮矮瘦瘦的，每次健康檢查都被老師在身體狀況表上註明「體重過輕」。所以，常被同學叫「瘦皮猴」。我這瘦皮猴雖然比較調皮搗蛋，但還算是一個聽話的小男生，學業成績雖不是班上最好，也都還在前十名。

我這猴子卻有點小聰明，國小三年級就懂得去文具店批好幾盒橡皮擦到學校高價賣給同學，六年級被一位長得非常漂亮、有著波浪黑髮的女老師找去拍攝數學教學影帶，國二時因為人緣很好，被班上票選硬拱成模範生，還因為理化成績太好，在寒假代表學校參加科學營，所以在國中三年級時，老師、父母以及同學們都認為我這隻聰明的小猴子在高中聯考時，一定會考上理想的前三志願。

但意外的，我竟然落榜了，連一所公立高中都沒有考上，只好去念有獎學金的私校。原本國中成績就很不錯的我，在私立高中當然很容易成為成績榮譽榜上的常勝軍，也蟬連好幾學期的地理及數學小老師，所以，讀書考試對我而言從來就不是一件難事。這也養成了我對於一些比較有挑戰性的事務經常沒有耐心，總覺得靠自己的小聰明就可以搞定一切。

從小就展現數理天份的我，卻在高二選組時（當時報考大學聯考前，要先選擇念自然組還是社會組）因為受父親的影響，竟然選擇了我超不喜歡的、要背誦記憶的文法商科，而且我的國文默寫常吃鴨蛋。文科當然不是我的興趣，但我還是用這個小聰明，考上了相當不錯的國立政治大學風險管理暨保險學系。

重複的力量

為什麼會做出這樣違背自己天份的選擇？理由很簡單。因為我老爸是位執業會計師，就是俗稱的企業醫生，幫公司製作財務報表，順便替大股東做財務稅務規畫。所以我小時候的家境很優渥，國小月考只要考一百分就有一千塊獎勵！（當時是民國七十幾年，一千塊可以拿來繳整學期的學費了。）而我就是在這種安逸又富裕的環境下長大，多數的事情都不需要自己做決定，反正，一切聽老爸的就對了，連自己該讀什麼系、未來該做什麼工作都不例外。

我爸從小就毅力驚人，初中畢業就從窮鄉僻壤的南投，騎著偉士牌機車隻身到台北打拚，大學畢業就到班上教授開的會計師事務所努力上班學習，他像國父一樣有著十一次革命的毅力，在高考會計師上榜率只有個位數的年代，他連續考了十年才終於考上（現在想想，他真的了不起呀）！沒幾年他就自行創業了，幾十年下來他的會計師事務所規模越來越大，辦公櫃上還擺著「投中之光」（南投中學）的贈牌，也算是小有成就吧。

既然父親已有現成的事業可以讓我接手，我就不用擔心以後找不到工作，自認為有小聰明的我覺得人生就此可以高枕無憂，當然就跟著老爸的會計路走。於是我政大畢業服完兵役後，花了三年時間就「如父親所願」考上會計師高考。但是我的內心其實非常矛盾，因為當時我一點都不喜歡這個行業（大學時我的中級會計還被當掉），那個想要從父親規畫好的腳步逃跑的聲音，開始在我的心中隱隱發作。

別人的讚美讓我更害怕

我從小數理就很好，對電腦又感興趣，在大學時我就會寫些小程式，於是幫老爸的事務所建立了標準化的Excel及Word公式連結及表格，當完兵後又花了三個月，土法煉鋼的利用Microsoft VBA結合MS-Office寫出了一套會計師審計軟體，幫助公司節省了非常多的人力成本，老爸總是自滿的告訴客戶自己的兒子有多厲害，當時會計師公會有好幾位會計師來看過這套軟體，直誇我若是未來繼承老爸的事業一定成就非凡。

可是坦白說，我的內心其實充滿了矛盾，寫軟體程式只是為了向父親展現我真的有這方面的天份，讓他可以放手讓我到外面的世界闖一闖，做些自己真正想要從事的工作，但這個心願在我把程式寫完後還是說不出口。

為什麼？因為我被外表光鮮亮麗的會計師地位給誘惑了，再加上我是即將接班的企業第二代，在公司裡處處受到尊重，而年邁父親的工作負擔越來越重，偶爾會釋出多久之後要退休的訊息，希望有人可以繼承家業；更重要的是，我發現自己只要用點小聰明就能應付事務所的工作，何必費心力去外面辛苦闖蕩呢？說穿了，我被這個舒適圈給困住了。

腳走不出去、心靜不下來

以旁觀者角度來看，我真是人在福中不知福，不過，話說回來，我處在這種非我所願的環境裡，工作上缺少了那份熱情衝動的能量，每回想衝出去靠自己的力量打拚，心裡的小魔鬼就會跳出來勸說：「別傻了，現在這樣也不錯，日子過得蠻舒服的，還是算了吧！」所以，當時的我真的是「腳走不出去、心靜不下來」。

我一直覺得自己是個有想法的人，在大學時曾看到GPS（衛星定位系統），當時就想過若是有一個手錶能結合PDA及GPS功能，那真是一個超讚、超有用的產品，現在市場上真的有類似的東西了，但當然不是我開發的。

前幾年，我在網路上搜尋文章時，竟發現有人把我過去曾有的一些創業點子真的付諸實行了，而且還做得有聲有色，天呀！我當初為何沒有捲起袖子，動手去做？我想有一番自己事業的想法到底何時才能實現？這些自我阻礙一直潛藏在心裡，但我又老是得過且過。

重複的力量

問題到底出在哪裡？我真的是一個缺乏執行力的人嗎？總是五分鐘熱度，或是有意無意的懶惰與拖延，沒有持續行動，導致半途而廢？

當時的我就跟現今許多年輕人一樣，成長於台灣經濟最繁榮的年代，父母有穩定的工作，年年可以加薪、人人都有就業機會。這群在父母全力守護、衣食無憂的舒適圈環境中長大的我們，人生多半是「你只要認真讀書，其他的交給爸媽安排」就好。所以我很常聽到：

「你應該考〇〇學校、選〇〇系，出路比較好。」

「你畢業後去考〇〇資格，工作最安定有保障。」

「你做〇〇行業才有發展，做〇〇不會有錢途的啦！」……

就這樣，我一直活在父母建議、安排、設定的環境中，讓我「腳步很難走出去，內心卻靜不下來」。這種「我原本想要……」、「我本來可以……」的自我不滿足，卻又自我局限、不肯突破舒適圈，久而久之，讓我潛藏在血液裡的負面性格逐漸壯大。我開始內心矛盾，恐懼改變，做事習慣拖延，不甘心但又不行動，於是變得憤世嫉俗，一下子羨慕別人怎麼會有那些好機會，一下子又自怨自艾，怪罪父親老是要干涉我的前途，不肯放手，時而有信心、時而自卑，整天情緒低落，也造成父子關係的衝突與緊張。

你也和我一樣，被舒適困住了嗎？

現代父母多半怕小孩吃苦，總希望給他們一個舒適的環境，所以越來越多年輕人畢業後萬一沒找到工作，也可以賴在家，成為近來最流行的「賴家族」，或者父親還有企業可以經營，就安穩的等著接手，過著像我一樣非我所願、缺乏鬥志的生活，身上就像戴著舒適圈，圈住了我前進的腳步，圈住了我高昂的志氣，也圈住了我人生的夢想。

王品集團董事長戴勝益曾說，他堅決不讓子女進入他的餐飲王國，甚至還斷了他們的財路，毅然捐出八〇％的財產給公益，只各留五％給兒女，而且還設下三十五歲後才能動用的限制條款。我有時會想，如果我老爸當初也這樣對我，那我會更早就創業成功？還是早已流浪街頭？

如果你沒有一個像戴勝益一樣懂得斷絕孩子退路的老爸，所以日子過得逍遙又自在，生活毫無壓力，但內心世界裡又真的想靠自己的實力做些什麼，成就一些事情的話，你就得有比別人更堅定的決心及信心，但這說得容易，做起來其實很難，我個人就這樣被困了至少十年。難道成長於百年來最安逸世代、溫暖環境的年輕人們，就永遠都跳脫不出舒適圈的魔咒嗎？世界上若是能有一套方法能幫助有心想要成長、渴望改變的人克服恐懼，勇敢去實踐自己的夢想的話，該有多好呀？

而在一次陪老婆回娘家，意外收到一個念佛用的計數器，卻被我拿來許願的情況下，讓我體會到如何用「重複想像」、「重複計數」的方法，改變自己的負面思考，並且勇於行動，而這套幫助人們能夠「心想事成」的方法，也開啟了我的事業計畫，更成為我寫這本書的緣起。

重複，讓你心想事成

說到「心想事成」，多數人其實都不相信真有這回事，認為人生的事哪有那麼簡單，光「想」就會成功。但其實這是因為我們多數時間都感受不到「心」的力量。再加上人生不如意十之八九，讓我們的心常常受傷，漸漸的，我們不再相信這股神奇的力量了。

多數人比較相信「事會不會成，得先跟對人」。有人有幸在職場上跟對好老闆、加入了正向的團隊，懂得激勵人心，跟著一群好夥伴正向循環。有人很有福氣，生在凡事鼓勵的家庭，不論你想做什麼，父母永遠都說：「加油！支持你，家是你永遠的避風港。」

但可惜的是，人們眼中的正向老闆、團隊及家庭畢竟是少數。與其靠運氣找對人，不如靠自己。而且，改變自己是最容易的，想要心想事成，靠自己掌握「心」的力量最有效。

重複的力量

接下來我將要透過自身和朋友們實際發生的故事告訴你，如何運用「重複」的力量，心想事成，將那些你以為很困難的事：改掉壞脾氣、學好語文、成功瘦身、存到人生第一桶金……，輕鬆辦到。

你覺得「心想事成」很玄嗎？其實一點也不。我用自己和身邊朋友的真實體驗，證明給你看。

第一章

重複想像，我踏出「心想事成」的第一步

每當默想一遍我要有自己的事業，我就按計數器一下：一、二、三、四、五、……五十、六十、一百、兩百……，神奇的事情居然發生了，我整個人開始熱血沸騰，突然好想實現這個願望。我要動起來，不管如何，我一定要做到！

重複的力量

二〇一〇年真是神奇的一年，那年年初二，我一如往常陪太太回台中娘家過新年，再陪著岳母到南屯外公的三合院，岳母的妹妹阿美姨是位虔誠的佛教徒，那天她熱心的送給了所有家人一人一個念佛用的計數器，要大家念誦觀世音菩薩一萬次，替一位患重病的親戚祈福迴向，我雖然收下了這個禮物，心中卻不太信這種事，念了幾次意思意思後就放到口袋裡了，心中卻想著，這小小的計數器還可以拿來做什麼呢？

不曉得是哪兒來的靈感，我突然想起自己這幾年老是不斷許願，卻從沒有認真去執行的創業大夢，於是心裡嘀咕著：「乾脆念念那深藏已久卻遲遲沒執行的計畫好了，看看老天爺會不會聽到我的心願，幫我迴向一下。」

本來是有點半開玩笑的心態，但每默想一遍「我要自行創業當老闆」，我就按計數器一下：一次、二次、三次、四次、五次……五十次、六十次、一百、兩百……，在那麼多次密集的「重複想像」複誦過程中，神奇的事情居然發生了，我整個人開始熱血沸騰，雞皮疙瘩在全身上下浮了起來，心頭有種無法言喻的感覺，我突然好想實現含在嘴裡的這個願望。

怎麼可能？光想就有力量？

「我要動起來，不管如何，我一定要去做！」……二五〇次、三百次、五百次……一千次，「這個夢想能達成嗎？是的！再也不會故意忘記了。」……兩千……三千……「這個夢想如果要完成，必須這樣做……可以那樣做……」，之後的幾個月，我每許一次願望，就按一次原本用來念佛的計數器，而我的事業計畫及靈感就洶湧而來，居然不可扼抑……四千次……五千次……六千次，停。

天呀，為什麼一件事重複想像這麼多次以後，居然會讓我變得這麼有力量？在我不斷按計數器的過程中，我突然覺得自己勇氣百倍、可以變得很不一樣。

為什麼會這樣？

心的力量，來自「重複想像」

後來我體會到，環境固然會影響我們的習慣、心態與行為，然而，最最重要的是我們最深沉的那顆心，心的力量強大到足以在任何環境下存活、成長、改變、突破，甚至是創造。你的心越強大，越有機會轉變處境，創造出你想要的景象。

問題是如何讓心的力量變強大呢？就是重複，你得重複的想、想、想。

而那六千次重複按下計數器的過程，讓我的心變得非常篤定，腦子裡轉出了許多計畫，讓我的腳衝動的想要跨出第一步，這是我第一次感受到「重複」的威力，不斷的對心喊話可以讓你更有力量，我才發現，想達成目標原來是有方法的，重複的力量可以幫助每個人將自己的心，塑造成你最想要的模樣。

於是我開始閱讀相關的研究、進行各種實驗，尋找開啟「重複力量」的鑰匙，並且試著建構出更完整的系統與方法，讓所有想要改變、想要成長以及渴望實現夢想的朋友們，都能透過這股神奇力量如願以償。

記得當我不斷重複想像「我要創業當老闆」的計數累積到第二五〇次時，我開始與朋友分享自己的「圓子夢創業計畫」，但多數人都是隨便附和一下，甚至會潑你一大桶冷水：「年輕人，別鬧了！不過就是拿個計數器按一按而已，怎麼可能有力量？」如果是以前那個待在舒適圈、心智不堅的我，聽了這話恐怕早已放棄，但我這二五〇次重複想像所發揮的堅強力量，讓我有了「雖千萬人吾往矣」的信心，因為這二五〇次的信念，我開始把所想到的事業點子以及計畫藍圖一一寫了下來，做成了兩張心智圖（Mind Map）。

到了重複想像五百次，我著手研究重複計數可以強化心智的原理，將方法系統化的寫下來，到了累積計數一千次時，我拜訪了我的老師卡內基訓

重複的力量

練大中華區負責人黑幼龍先生，在跟黑老師提案前我真的很緊張，很怕被嘲笑，但心裡憑藉著一千這個數字的想像力量，我還是鼓起勇氣向他請益。沒想到黑幼龍老師說：「這個方法具有獨創性，真有意思，**只要重複想像，就能讓美夢成真**」，並且建議我開始找一些親朋好友進行實驗。

到了重複想像一六〇〇次，我認真的找親朋好友進行實驗，一開始多數人都不認為這個方法會管用，「怎麼可能光用想的就可行？」小我四歲的老弟第一個吐我嘈，當我把計數器交給他，他一臉茫然的看著我：「這要幹嘛呀？」但在我苦口婆心的勸說下，他也成為我第一個實驗的對象，我知道他其實心裡多少有些抗拒，但又不好意思直接拒絕我，只好硬著頭皮試試，後來，老弟和一些親朋好友真的按照我的方法：寫下願景、重複想像計數、行動一%（詳見本書第三章）一一去做，沒想到老弟如願改善了邊開車邊罵人的壞脾氣、好朋友如願完成日文檢定、成功減重，甚至一位原本脾氣暴躁的老公真的做到每天對自己的老婆說一句好話……，那些你認為很難改變或達成的事，他們真的輕鬆辦到了，有多容易呢？就跟黑幼龍老師說的一樣：只要重複想像。

心有力量，貴人就會來幫忙

當我的重複想像達二千多次時，我拜訪了國內知名專利師廖和信先生，請他協助我將這套方法和我研發的產品（許願石）申請專利，廖和信先生也是一位喜愛發明的同好，跟我分享了許多創業心得。

到了重複想像三千次，我開始為腦中構想的產品「許願石」計數器尋找設計團隊，包括產品外觀設計、結構與內部電子設計，雖然在拜訪過程中充滿挫折，很多人會跟我反映：「這怎麼可能做得出來，這東西你要賣給誰呀？」但我還是沒有放棄，到了重複想像四千次，我四處探訪材料供應商及製造商，面板廠、模具廠、塑膠射出廠、模型廠、彈簧廠、電子零件經銷商

重複的力量

以及印刷廠等。那陣子雖然很辛苦，卻讓我體會到，只要你願意走出來，世界竟是如此寬廣，許多原本嘲笑我的廠商反而願意來幫我，而這些各行各業的高手，不再只是因為我老爸的事務所關係而關照我的客戶，而是靠我自己的雙腳走出來的好朋友，這一回，我真真實實的感覺到自己的存在感。

到了重複想像五千次，我思考著如何結合原來的會計師業務——我並沒有因為自行創業而放棄幫忙老爸的會計師事務所，並發展我喜愛且擅長的事業模式，此時我的重複想像不再只是我要創業，而是「我有能力可以兼顧兩個事業」，我就這樣持續複誦計數，感覺自己一定做得到！……二五〇次、三百次、五百次……六千次，停。

那前後加起來至少一萬二千次（兩次的目標願景都是重複想像六千次）的「重複計數」所創造的力量，讓很多神奇的事情自動發生，我所發明的「許願石」計數器產品，免費獲得電視節目「台灣發明王」的介紹；朋友覺得我的發明很有意思，邀請我們一同參加世貿國際禮品展，而且攤位還免費，在展場上並廣受好評；我尋找的產品陳列專櫃老闆竟然是好朋友的老同學；前幾年曾風靡台灣的暢銷書《祕密》作者的第二本書《力量》（*The Power*）、與第三本書《*The Magic*》的台灣譯者王莉莉小姐甚至主動跟我聯繫，因為她發現《祕密》書中內容與我的發明「許願石」正好可以拿來搭配體驗。

你不需要很強，只要重複

從以上這些過程中我開始發現，想要完成夢想並不需要做多麼偉大的事情，也不需要有比別人強很多的實力，你唯一要做的就是「重複想像」、「重複計數」，因為重複會讓你的心變強，一旦心變強，你對抗挫折的能力就會變高，對於挑戰會展現出高度的企圖心，而這些企圖心會吸引許多願意幫助你的貴人，這些貴人的出現會讓你的事情開始變得更順利，以上這些效果便會互相加乘，最後真的出現你內心想要的景象，而這不就是所謂的「心想事成」嗎？

重複的力量

重複為什麼這麼有力量

一開始，心想事成似乎是一件毫無可能的事；後來，它漸漸變成不太可能的事；然而，當我們全心全意、聚精會神，它就變成無可避免的事。

——電影〈超人〉男主角克里斯多福．李維（Christopher Reeve）

第二章

「重複」很單調，怎麼會有力量？

不斷重複的話語會長久地駐紮在我們腦中無意識的深層區域，這裡正是我們行為動機形成的地方。雖然過了一段時間，我們會忘記是誰說了這些話，但是我們會對這些話深信不疑。

重複的力量

有天晚上我一時興起，拿了女兒正在看的故事書《讓你感動一輩子的禮物》，作者是陶淵亮，其中有一篇故事叫「每次只敲一下」。

有三個時鐘擺在店裡，一個時鐘剛組裝好，另外兩個早已「滴答」好多年。老時鐘就對新時鐘說：「我老了，該換你工作了，但我擔心，等你跟我一樣走完三千二百萬次，你恐怕也不行了！」

新時鐘一聽，嚇了一跳：「天啊！三千二百萬次，我一定辦不到！」另一個老時鐘說：「別聽他胡說！你只要每秒滴答一下就好啦！」「喔！那很容易，我試試看。」新時鐘開始很輕鬆地維持每秒敲一下。數年過去了，不知不覺中，已敲滿三千二百萬次。

李陽是中國著名的瘋狂英語創始人，並曾任中國北京奧運會英語口語培訓總教練。他總是不厭其煩的提倡：英語學習就是要重複背誦，他曾說：「課文背不下來與智商無關，只是因為重複得不夠。再難的單詞、再難的文章也禁不起反覆的重複！不要管記不記得住，只管重複得夠不夠，只要重複得夠，想忘記都難！徹底背誦就是重複一百遍，做到隨時隨地能夠脫口而出，而且終生難忘！」

最經典的重複：鐵杵磨成繡花針

接下來這個故事你一定不陌生。

唐朝詩人李白小時候不愛念書，常常逃學。有天到街上去閒逛，走著走著，在一個破茅屋門口，看到一個滿頭白髮的老婆婆，正在磨一根棍子般粗的鐵杵。李白走過去問：「老婆婆，您在做什麼？」老婆婆回說：「我要把這根鐵杵磨成繡花針。」李白又問：「可是鐵杵這麼粗，什麼時候能磨成細細的繡花針呢？」老婆婆反問李白：「滴水可以穿石，愚公可以移山，鐵杵為什麼不能磨成繡花針呢？」

宋朝文人羅大經所著的《鶴林玉露》一書裡也有篇小故事。宋朝張乖崖

重複的力量

在擔任縣令時，為杜絕盜竊歪風，對監守自盜還辯稱「偷了一枚銅錢有什麼了不起」的行庫小吏，斬首示眾，並在判決書中寫下了名言「一日一錢，千日千錢；繩鋸木斷，水滴石穿。」

一天拿一枚銅錢，一千天就能累積一千枚銅錢；即使是細細軟軟的繩子，重複在木頭同一處來回，再大的木頭都會被鋸斷；渺小的水滴重複的滴在同一點上，再堅硬的石頭也能貫穿。

於是許多人用「滴水穿石，鐵杵磨針」來勉勵年輕人。就像劇作家莎士比亞（William Shakespeare）曾說：「斧頭雖小，但多劈幾次，就能將堅硬的樹木伐倒。」

天才，就是重複最多次的人

現在的年輕人（包括我）也許會認為，鐵杵磨針是愚笨不懂方法的行為，用現代科技磨輪機一下子就能將鐵杵磨成針了，何必傻傻的自己用力磨。但造成滴水能穿石，鐵杵能磨針的真正原因其實就是「重複」，不管是愚婆的手工慢磨，還是創新科技的高轉速機械，都是因為重複多次的力量，才得以磨成細針的。

有太多例子證明我們所崇拜的專家與天才，都是經過反覆演練，才得以有精湛優異的表現。美國高爾夫球傳奇人物班·荷根（William Ben Hogan）認為自己優秀的揮桿動作，是由於大量的練習與重複操作（Plenty of practice and repetition）。

曾獲得美國職棒大聯盟最有價值球員的鈴木一朗也說：「獲取驚人成果唯一的途徑，就是重複每一個小步驟。」

他覺得，對於職業球員來說，每天重複的鍛鍊似乎是很理所當然的，從傳接球開始，跑壘、揮棒、重量訓練、到清除釘鞋底的紅土，大概就是那麼幾件事，看似沒有學問，而且這些動作多半非常無趣，也很單調，但卻是上

重複的力量

場後能否發揮實力的關鍵。

那麼鈴木一朗如何從這些無趣的動作中找到滿足感與成就感？他曾說：「就算只是擊出一支內野安打，球迷們也會為我鼓掌歡呼，我只要看到他們如此支持我，就會充滿幹勁！」原來這就是鈴木一朗能樂於重複的動力所在。

據說音樂神童莫札特（Wolfgang Mozart）三歲就會彈琴，六歲能譜曲，多數人認為他是天賦異稟。其實，莫扎特在六歲以前就累積了三千五百小時的練習時間。他從早到晚都在練琴，甚至在夢中重複演奏同一首曲子。心理學家郝爾（Michael Howe）曾分析莫札特創作的曲子，他發現在莫札特的協奏曲中，最能展現其原創精神的，就是第九號鋼琴協奏曲。這首曲子是公認的經典之作，是莫札特在二十一歲那年寫的，但那時候，他其實已經不斷創作協奏曲長達十年了。

以上這些例子都跟我們證明了「天才，是屬於重複次數最多的人」。重複可能讓你很單調又無趣，卻是讓你卓越非凡的保證。希臘哲學家亞里斯多德（Aristotle）說：「讓你卓越的不是行為，而是習慣，是重複的習慣造就了我們。」

養成新習慣，要重複二十一次

神經科學家早已發現，重複讓我們的神經元網路再度活化的機率提高，以此固定我們的記憶。反覆再活化能使大腦產生實際的結構變化，因而能促進回憶。當神經元一起作用的同時，彼此之間也連結了起來。

《萬能金鑰》（*The Master Key System*）作者查爾斯·哈尼爾（Charles F. Haanel）曾說：「想要做一件事情時，只要一再重複，就很容易上手，甚至會自動自發作出反應。想中斷所有壞習慣也可運用相同方法，只要停止原來的行為，並一再的避免，直到完全擺脫它為止」。

根據行為心理學的研究，一個習慣的形成，至少必須重複二十一次。那

重複的力量

如果你重複一百次會怎麼樣？《這輩子，只能這樣嗎？你是自己最大的敵人》作者肯尼斯．克利斯汀（Kenneth W. Christian）的背曾受過傷，醫生指示要復健，於是治療師要他重複特定的動作，並說：「根據調查統計，要用一個新習慣完全取代下意識主導的舊習慣，六千次是一個基準」。肯尼斯．克利斯汀心想，如果重複六千次是最基本的，那我重複一萬次結果會如何？

重複一個想法、重複的自我暗示，會使人記得它，相信它，繼而堅信它，最終成為信念。就像激勵大師拿破崙．希爾（Napoleon Hill）說的：「將積極正面的意念寫下來，熟記之，覆誦之，直到它們成為你潛意識的一部分。」

拳王阿里的祕密：重複嗆聲

世界拳王阿里（Muhammad Ali）也很懂得用重複的力量。他經常毫不害臊的公開表示「我是最棒的」！也會把一些看似無聊的口訣掛在嘴邊，例如：「我打包票對手第四回合必然倒地飛出場外、我一閃身，右拳一擊……等等」。上場比賽前，他都會念咒似的念這些小詞，他對自己默念，也對媒體宣告，在攝影機鏡頭前嗆聲，甚至在對手面前也不斷的重複，直到心裡完全相信這是事實為止。

此外，他最重要的練習不是在拳擊台上進行，而是坐在扶手椅裏，在腦子裏重複彩排比賽時的每一個細節，他會想像自己大腿疲累不堪的感覺、腹部疼痛的感覺、臉上瘀傷的感覺、新聞記者鎂光燈的閃光、觀眾的興奮尖叫聲，甚至會想像裁判舉起他手臂宣布獲勝的情景。他發送得勝的意念給身體，而他的身體則聽命行事。就是這些在腦袋裡的不斷重複想像，讓他能夠稱霸拳壇。

重複就是一種心理暗示

以前每遇到人生重要決定時，我都會到廟裡抽個籤。有一次，報了個人基本資料，說了要詢問神明的事情後，擲筊抽籤，拿起來看了看，發現是比較不好或平平的籤時，我就故意把那張籤紙放回去，再回到籤筒重新擲筊，直到抽到了「上上籤」，我才滿意的翻閱解籤簿。

為什麼要這樣做？依據心理暗示的原理，籤詩或算命師說的話，對聽著往往有極大的影響力，所以萬一籤詩或算命的說你運氣不好，你就會一直自我暗示將有不好的事情發生，最後就真的發生了。既然知道了心理暗示的威力，所以我特意告訴自己非要抽到好籤為止，因為最後抽到上上籤，也是經過神明允許的，不是嗎！

建議你，下次找人算命時，要求算命師只准說「好」的事情，並且說到你滿意為止，才把紅包拿給他！

哈佛大學心理學家羅森塔爾博士（Robert Rosenthal）曾提出畢馬龍效應（Pygmalion Effect）。羅森塔爾博士把一群小白鼠分成兩組，A組交給一個實驗員，告訴他這群老鼠是比較聰明的一群，要好好加以訓練，B組則交給另一個實驗員，告訴他這個群組老鼠的智力都比較普通。經過一段時日後，兩組老鼠分別作迷宮測試，結果發現A組的成績比B組明顯好了許多。但其實兩組老鼠的分組是隨機的，根本沒有智力上的差距。原來是A組的實驗員「相信」了教授所說的話，於是就用對待聰明老鼠的方法來進行訓練，結果這群老鼠真的變成聰明老鼠；相反地，B組實驗員用對待不聰明老鼠的訓練方法，於是這些老鼠的表現也變得平庸起來。

心理學家研究發現，潛意識會接受你一再重複的事物，不論這事物的對錯真假。所以只要你重複想像好事一定會發生，事情就一定會順利進行。

多重複幾次，就會有說服力

法國社會心理學家古斯塔夫·勒龐（Gustave Le Bon）所著的《烏合之眾：大眾心理研究》（*The Crowd: A Study of the Popular Mind*），是一本流傳百年的心理學經典著作，並曾被佛洛依德（Sigmund Freud）譽為「一本當之無愧的名著」。書中提到「重複的力量」對人類最睿智的頭腦以及群體有巨大的影響。領袖說服群體最好的手法即是「重複和傳染」，要讓你的話真正發揮作用，就必須盡可能地以同樣的措辭不斷重複。拿破崙曾說：「重要的修辭法只有一個，就是重複」。這種力量產生的原因在於，不斷重複的話語會長久地駐紮在我們腦中無意識的深層區域，這裡正是我們行為動機形成的地方。雖然過了一段時間，我們會忘記是誰說了這些話，但是我們會對這些話深信不疑。

書中並舉出，廣告之所以有令人吃驚的力量，也是源於重複的力量。當我們成千上百次地聽到X牌巧克力是世界上最好吃的巧克力時，就會以為其他地方的人肯定也這麼認為，最終我們會對這種說法確信無疑。

心理學家也證實，當一種思想不斷地重複，任何人都會被制約，有些人自小的生活環境裡不斷累積自卑的觀念，就會不知不覺地將負面想法深植於幼小心靈中，長大後就容易矮化自己，產生難以反抗的制約作用。

重複就會熟悉、熟悉就容易愛上

只要一個物品、一首歌，經常在自己眼前出現，你就會因為變得比較熟悉，而有機會喜歡上這個人、事、物。

心理學家雷中格（Robert B. Zejonc）曾提出有趣的「單純曝光效果」（Mere Exposure Effect）理論。他做了一個有趣的實驗，讓一群人觀看某校的畢業紀念冊，並且確認受試者不認識畢業紀念冊裡出現的任何一個人；看完畢業紀念冊之後再請他們看一些人的相片，詢問在這些相片中，他們喜歡哪一個人？結果發現，在畢業紀念冊裡出現次數越高的人，被喜歡的程度也就越高。

那在無意識的狀態之下接受訊息呢？他用千分之一秒的速度秀出多張圖形給受試者看（為了確保不被受試者有意識地看到圖形），結果重複出現較多次的圖形較受人喜歡，由此可知，在無意識的心理狀態下，人們還是會對重複出現的刺激產生好感。

所以，當你以為對方可能不會愛上你，不妨經常打扮美美的，在他面前多出現幾次吧！因為重複就會熟悉，只要熟悉，對方就比較容易愛上你了。

重複，使你更專注

重複好比雷射，原為微弱的能源，集中光束即能切割鑽石。滴水穿石也是如此，即使是弱不驚風的小水滴，面對堅硬的石頭，只要經年累月的集中在同一點攻擊，也有刺穿的時候。

暢銷書作家肯尼斯．克利斯汀曾說，藉由仿效劈柴以及提水的工作，面對你正在做的事，放慢速度，練習純粹的專注力，觀察細微的感覺，專注會讓你有投入的感覺，集中目標時，改變將會比較容易發生。

因此當你開始重複想像時，等於告訴全身上下的每個細胞：「我要開始了，全體集合，聽口令！」你的身心靈將會全部集合起來，一同專注的吸收及放射能量。重複的動作亦會集中心思，感覺專注，你會開始出現靈感，可能是一個行動方案，也有可能是化解憂慮、恐懼的積極想法。

重複讓你設定記憶

不少人喜歡到寺廟裡祈求平安與好運氣，有些寺廟會提供平安符供信眾將符袋在香爐上繞圈圈，據說有庇佑加持的作用。

我曾在台北的龍山寺後殿，看到年輕朋友在掌管姻緣的月下老人那裡，雙手膜拜，手裡拿著筊，口裡念念有詞，大概是報告自己的姓名、生辰年月日、住址、希望遇到什麼樣的對象，請求月老給予一條紅線幫忙找到好姻緣，願意的話就賜個聖筊（聖筊即是答應說好的意思），隨即拿起神殿前的一小條紅線，並將紅線在月老前面的爐子過三圈，祈求者稱紅線為姻緣線，帶在身邊會帶來好姻緣。日本京都清水寺的地主神社也有類似的情景。

此時不妨摸摸你的包包、皮夾或口袋，是不是也有一個可愛的幸運物，那小小的幸運符除了能帶給你一些好運，是否也提醒了些什麼？

那個小小的「幸運符」在心理學上叫做心錨，以通俗的用語來說就是一種提醒物。心錨（Anchor or Anchoring）一詞及其方法廣為神經語言學（NLP，Neuro-linguistic programming）所運用，神經語言學是一門實用心理學，由理察・班德勒（Richard Bandler）及約翰・葛瑞德（John

Grinder）所共創。錨是一種幫助船隻停泊的器具，心錨是一種心理機制，顧名思義，意即在心裡面放入一個錨，幫助人們在心裡設定好的某個地方記憶、回想、重新感受，那個地方可以是某個情景、某樣想法、某項目標、某種感覺，甚至是聽覺或味覺等，所謂觸景生情，此景即是一種心錨，一種提醒物。

為了解心錨的原理及作用，我們再來談談「古典制約與條件反射」（Conditional Reflexes）。條件反射是俄羅斯生理學與心理學家巴甫洛夫（Ivan Pavlov）對狗的唾液研究所發表的重大貢獻。巴甫洛夫每次給狗食物時，都會先搖響鈴聲，這個搖響鈴聲的過程重複許多次以後，即使沒有出現食物，狗狗只要聽到鈴聲，仍然會自動分泌唾液，期待食物的出現，因為唾液分泌受狗先前的經驗所制約。

就心錨一詞來說，鈴聲成了狗的「心錨」，巴甫洛夫在狗的內心深處設下了「鈴聲等於食物將至」的記憶錨。所以，若我們想要在心裡放下一個穩固的心錨，時常提醒自己要有信心、要朝目標邁進，就必須透過重複的力量，這個心錨才得以深植。

重複就能變成高手

北宋文學家歐陽修的《歸田錄》裡，有一個關於熟能生巧的故事。宋朝有一位青年很擅長射箭，凡是被他看中的目標，無論多遠都能夠射中，有一天，他當著大家的面練習射箭，十隻箭能射中八九隻，觀看的人們都拍手說真棒啊，太厲害了。年輕人非常得意，但是他看到旁邊有個賣油的老翁只是點點頭，並不像別人那樣拍手稱讚，他就不高興的問：「你會射箭嗎？」

此時，賣油老翁拿出一個葫蘆，放在地上，並把一枚銅錢蓋在葫蘆口上，取一勺油高高的一直線地往銅錢眼裡倒，一下子油就倒光了，銅錢上卻沒有沾到一滴油，大家都很驚訝，讚歎不已，老翁說：「我只不過是熟能生巧，談不上高明的技術。」

我曾經問一位電玩高手，請他分享經驗。他說：「同一個場景玩的次數越多，對那一關就會越敏感，玩的次數多了，就會領悟出竅門，有了多次經驗，過關的速度更快，分數更高。」由此可見，就像賣油老翁所說，高明的技術，其實就是不斷重複練習而已，沒有什麼好值得炫耀的。

重複行為令人身心放鬆

有一天中午我在車上等同事買中餐，索性拿起計數器按按想想，後來竟然睡著了，醒來時覺得人很放鬆，就像數羊一樣。我才發現重複計數還有舒壓的效果，在床上睡不著時，邊想邊按，重複冥想願望，過不久就睡著了。不知道要失眠者屬羊的方法，是不是也是源自這個道理？

《FBI教你讀心術：看穿肢體動作的真實訊息》一書作者喬・納瓦羅

（Joe Navarro）擔任過美國FBI探員，退休後也曾至哈佛商學院授課。當納瓦羅累了一天回到家後，他會來回用吸塵器吸地板，因為「重複的行為」可以協助他放鬆。

如果我們可以在每次出門前以及回家一進門，進行「重複」的動作，並念出積極的肯定語，再配上簡單活力的肢體動作，比如雙手舉高，重複自我暗示及肢體語言，就能讓身心靈皆放鬆與快活。

最偉大的重複：「複利」

美國作家班傑明．富蘭克林（Benjamin Franklin）曾經以「這是一塊可以把鉛滾成金子的石頭」來闡述他對複利的看法。相對論的發明家愛因斯坦（Albert Einstein）對複利也有他獨到的見解，他曾說：「複利是世界第八大奇蹟，威力勝過原子彈，是世界上最偉大的力量。」

那麼，複利的威力到底有多麼可怕呢？看看以下這兩個故事：

印度國王與象棋高手下棋，結果國王輸了，國王問象棋高手要什麼獎勵，高手就要求國王在第一個棋格中放上一粒麥子，第二個格子放上兩粒，第三格放上四粒，之後每一格的麥子數量要等於前一格的二倍，也就是按複利增長的方式放滿整盤棋格。

國王一開始以為，應該只要準備一個布袋來裝麥子就夠了，結果最後卻是全印度的麥子都不足以支付。

一群印地安人（美洲原住民）在酒吧談論著，在西元一六二六年的時候，祖先以六十美元出售現今位於紐約曼哈頓的土地，若當初將這六十美元放到銀行，收取每年百分之六的複利利息，到了現在二〇一二年，將可獲得約二兆一千六百三十二億美元的存款，這個數字比全世界總市值最大的蘋果公司（Apple Inc.）還要多出五倍以上，而這就是複利的威力。

複利就是複式利率，是一種計算利息的方法，它的公式是：

重複的力量

本利和＝本金×（1＋利率）^期數

之所以被稱為「利滾利」，就是因為利息重複再滾入生利息，除了投入的本金會被計算利息外，由本金所孳生的利息也被持續的放入本金中（計算利息的被乘數），只要計算利息的周期越密，本金加利息的增長越快，投資的時間越長，複利的效果越明顯。只要利率是正數的，錢本身就可以賺錢，再拿賺到的錢去賺更多的錢，複利的威力，讓每次少少的投資，變成倍數的財富。蟬連《富比士》雜誌（*Forbes*）多年的世界首富華倫．巴菲特（Warren Buffett），就是藉助複利累計獲得財富的最佳實踐者。他的名言是：「人生就像滾雪球，最重要的是找到溼漉漉的雪，以及夠長的山坡。」而這夠長的山 坡就是重複。

重複的浪費，結果也很驚人

大部分的人只把複利用來解釋投資收入的概念，其實複利的代價也可以用來克制慾望。把你平常無意識支出的小錢，用定存複利的概念算出未來價值，你將發現平日不經意的小享受，將造成你人生巨大損失。

一個艷陽高照的中午，一對夫妻正利用飯後的休息時間在星巴克內悠閒的啜飲他們的拿鐵咖啡。老公說：「這才是享受人生。」老婆想了想說：「可是三十五年後，這樣的人生竟然花了我們二千二百九十六萬元」。天呀？這怎麼可能！

一點都沒錯，每天午飯後來一杯拿鐵咖啡，確實很享受，但是長期下來卻是我們致富的一大障礙。夫妻倆每人一杯一百元的拿鐵咖啡，一個月就花了六千元。如果拿這筆錢去購買基金或其他投資，以一〇％的複利計算，三十五年後將損失二千二百九十六萬。

重複的力量

複利就像是手電筒的光線，咖啡射出的光圈範圍只有一百元的面積大小，但其產生的效益就像是未來損失二千二百九十六萬的巨大光圈面積，所以當你發現一天一杯咖啡的代價居然這麼大時，下回相信你一定會克制一些。所以，刷卡消費前，請先思考一下重複的浪費有多可怕！

不管是科學家、心理學家、哲學家、教育學家、文學家、企業家，還有知名運動員都說，重複的力量超級大，因為重複可以堅定意念決心，產生信心，克服恐懼，重複可以鍛練專業，重複可以養成習慣，讓成功到來，夢想實現。

重複為什麼這麼有力量

「把時間花在複習上，一點也不浪費。」

——《是邏輯，還是鬼扯？》（*Truth, Knowledge, or Just Plain Bull*）作者伯納·派頓（Bernard M. Patten）

第三章

我怎麼重複：寫下願景、重複計數、行動一%

想像300次會讓你消除自我懷疑，想像1000次會讓你感覺更好、養成嶄新的好習慣，想像3000次讓你勇氣百倍、有了長足進展，想像6000次後，你將煥然一新。

重複的力量

還記得我在自序裡面曾經提到，我只用三年時間，就考上會計稅務界的最高專業證照「會計師高考」，而且我還不是會計科系出身——大學念的是風險管理與保險、中級會計學還被當掉，再加上當時的工作性質，讓我每年有長達半年的時間根本很難擠出時間來念書，而老爸希望我協助事業的心願越來越急迫，在這麼糟糕的窘境下，我到底是如何在三年內達成這個困難目標的呢？

我的方法就是：寫下願景單、重複想像計數、行動計數。

第一，我寫下我的願景：我要成為會計師，以後每個人遇到我都會跟我說：「胡碩匀會計師您好，很高興認識你。」

簡單有趣的願景詞句能夠讓你感覺良好，強化信心，容易操作，若能畫個圖，甚至來個漫畫，那更好，將你的願望以圖像具體化，將目標從模糊的渴望變成明確的步驟，能夠幫助顯意識及潛意識記憶。（關於願景單的設計詳見本書第六章）

第二，當我從辦公室走到廁所時，會不斷向自己喊話：「我真幸運居然猜中考題、高分高分高分高分」，但跟別人不一樣的是，我不只在內心吶喊，我會特別將自己喊話的次數，用「正字符號」記在家中牆壁的白板，並在願景單上的空白處寫下我累計的重複想像次數。

重複之所以讓人覺得很難，是因為要去「做」，但我的重複不一樣，我光想像一次就累計一次，只要腦上閃過「我要考上」的念頭，我就重複計數一次，因為「想」比「做」容易，所以我的重複數量很快就會提高，心的力量就會快速的強大。

第三，我將所有要看的參考書拆分主題、章節和題目，每週只要完成當週所訂的計畫，我就記上一筆，結果我越記越有信心，當快要記滿一百次時，就開始想要讓自己的累計數更高，完全符合人類「追求大數」的心理作用。（追求大數的心理就是當累計到九九次時，你會馬上多做一次讓數字變成一百。）

更有趣的是，當你非要達成某一件事時，很多莫名的貴人就出現了，有一回我走在捷運商店街，居然有人來跟我推銷心智圖（Mind Map）筆記法，我就用來整理公司法和證交法的架構，之後又用圖像記憶法畫了一堆圖片輔助記憶，輕輕鬆鬆通過商法、審計學和稅法三科。

更驚險的是，在應考的最後一年，我前兩年的恐怖三會（中會、成管會和高會含政府會計）全都在接近及格邊緣飲恨，如果再不通過就得全部歸零重來，沒想到最後一年，我居然三科全過，中級會計學還拿到不可思議的八十八分，當拿到成績單的那一刻，我對著房間那張畫滿重複想像計數的願景單看了很久很久，我知道是上面那一條條的重複計數線幫助了我圓夢，這些計數讓我周而復始的不斷重複，到達一百次後再向兩百次挑戰，再向三百次挑戰，就這樣終於達成我的目標：成為胡碩勻會計師。

啟動、加溫、實踐

神經科學家丹尼爾．李維廷（Daniel Levitin）的研究指出，重複的神奇數字是一萬小時，在任何一個領域，要想具備世界級專家的專業素養，需要一萬小時的反覆練習。而一萬小時就是一項明確的重複目標，因此對於我們想要實踐的目標，也要設下明確的目標數量反覆暗示，持續的加溫。

例如，開水為什麼能夠燒開？就是因為不斷重複的加溫達到沸點的結果。而人要產生行動力，跟燒開水一樣，都需要一個啟動，需要一種開始，在戲劇上這叫「開場」，在團隊活動中這叫「暖場」，有了開始及暖場後，之後的行動就會容易許多，也會更積極的投入，若是在中場過程中，能夠持續加溫，活動的熱度就能持續，最後的結果必然會是美好的。

而我們要怎麼替目標加溫呢？就是重複。

為了追求進步，很多人都會每天練習，今天練一次是「一」，明天再練一次還是「一」，後天再做一次還是「一」，每天都是同樣的「一」次，其實很無聊，而且多半要持續很久才會看到明顯的差異，自然容易半途而廢。

重複的力量

我的重複想像計數則很不一樣，我現在是「二」，再「想」一次（光想就好，不用去做）就累計為三，所以明天的數字可能已經變成「五〇」，想到一次就記一次，一天可能想超過五〇次，後天甚至累積到「一〇〇」次，你會看到明確的數字變化，這些數字會讓你隨時清楚知道自己已經累積「多少數量」的動能，知道自己有多麼想達成願望，看到計數器好幾千的重複想像，你會產生極強大的感受，這就像是一條隱形的鞭子，督促自己加油行動，想盡辦法達成，**當重複想像的數字越大，動力越強，你就越接近目標**。

我們每個人都需要一個「啟動器」，而起動之後，為了怕中途放棄，就需要一個「加溫器」。寫下願景就是你的啟動器，從「二」到「一千」的重複想像就是一種加溫器，持續加熱你的夢想、目標以及行動。

想完後要怎麼行動？

重複想像當然比真的去做容易，但是光用想的卻沒有真正採取行動，還是無法達成目標，那麼你要如何讓雙腳動起來呢？

每重複想像一百次，請做一件與願景目標相關的小事，並且慰勞自己，由於想一百次才做一次的「一％」目標真的很簡單，也容易開始，你就不會坐而言卻沒有起而行。

日本網路購物第一品牌樂天市場（Rakuten）創辦人兼社長三木谷浩史常說：「每天改善一％，一年強大三十七倍。」因為一點零一的三百六十五次方等於三十七。如果每天進步一％，一年三百六十五天之後，你就會比一年前的自己強大三十七倍。

羅馬的軍事統帥凱撒大帝在面對敵軍比我軍數量眾多時的戰略，是分段征服、個個擊破，先將大目標細分成小部分，不知不覺即完成整個大目標。

「重複計數」裡的行動一％也是同樣的道理，當你做了很多如百分之一的微小具體行動，自然而然就能集合成一整串的行動計畫。

想像與行動同步計數

因此，在你持續重複想像美好願景的同時，你必須開始跟隨目標展開行動。但要如何得知行動是否與目標同步？具體的作法即是在進行重複想像計數時，也進行一%的行動計數，只要你做一項與該目標相關的動作，即記錄「行動計數」一次，同時累積你的「重複想像計數」及「行動計數」，並檢查「行動計數」是否保持於「重複想像」的一%：也就是當重複想像達一百次，你就做一次跟目標相關的事。因為行動計數會讓你的重複想像計數更加踏實、更有效果，不會陷入光想卻沒有做的虛無泥沼中。

例如我老弟富凱，多年來一直想改變自己開車老是易怒的「路怒族」性格，於是我送給他一個計數器，讓他開始重複想像計數，每想像一次自己開車心平氣和，載著岳父岳母開心出遊的感覺，就計數一次；每想像一百次自己心平氣和的開車出門，就真的實際開車載家人出遊一次，後來富凱發現自己在三個月內一共針對此目標想像了二千次，而實際開車行動的次數竟高達六十六次，相當於想像計數的三％（高於一％了），也就是說，富凱在重複想像計數期間，至少已經有六十六次心平氣和的開車記錄．這已經遠超過養成新習慣所需的二十一次！可見重複想像計數慢慢幫助他脫離路怒族的性格，十幾年的壞脾氣只花三個月就有顯著改善，真是太有成效了呀！

雖然只是小小的一％，當重複想像計數累積到一千，若你有按照規則同步行動，則相對的改善行動應該已達十次，想像一萬次則產生行動一百次，想像十萬次則會產生高達一千次的行動。當你回顧這些記錄，會發現自己竟然也有如此旺盛、驚為天人的行動力，看著數字的累積，你會不斷的提醒自己須持續行動讓目標實現，不知不覺也淬鍊了執行力。

一％可以說是行動力的最低標準，你當然可以乘勝追擊，提升等級，將

重複的力量

行動比例往上調整，**直到哪天，當你做的比想的多，你就成功了。**

大部分人都覺得，改變非常困難，一個態度、想法或行為可能已經積習了好幾十年，哪有可能說改就改。但如果你現在就開始運用「重複想像計數」，對自己許下改變某習慣的願望，時時刻刻看到、摸到計數提醒，堅定自己一定能夠完成轉換積習的信心，你很有可能在重複計數到達三百次（一天十次，一個月可達三百次）時，即成為自然反應。

創造屬於你的好運咒語

宗教人士常會利用持咒來強化自己的修煉，同樣的，我們也可以把金玉良言、金科玉律拿來當作咒語修煉，改變你平日說話的方式、慣用語、口頭禪，久而久之，你的內心深處也會跟著改變。

我的好朋友小芬在學生時代的綽號叫「ＢＵＢＵ」，為什麼叫ＢＵＢＵ，

心想事成的重複計數法

		怎麼寫？
願景單	啟動	• 明確目標－5W1H • 階段目標－大分小 • 感官描述－畫面感覺 • 想像已實現－If Game • 正向積極－肯定句 • 激勵語氣詞－Yes （詳見第六章）
重複想像計數	加溫	• 重複目標數量 • 不用每天 • 階段獎勵 • 計數工具（詳見第四章）
行動1%（與想像計數同步）	實踐	• 行動比例＝行動次數／想像次數 • 從簡單小事著手 • 不管準備如何，馬上開始

1. 願景單：寫下目標，與自己簽約，你會不斷想起曾寫下的承諾。
2. 重複想像計數：累積龐大的心想數量，當數字逐漸累積，你內心想要成長與改變的能量就會日趨茁壯。
3. 行動1%：每想像一百次，就至少做一件相關的小事，只有1%真的很簡單，也容易開始，你將不再坐而言卻沒有起而行。

重複的力量

因為BUBU的音同「不不」，顧名思義，就是你找她做什麼事，大部分時候她都說不要，所以我們就給她取個綽號叫「不不」，其實小芬是一個個性很好、長得很可愛的女生，只是因為害羞內向，對於比較大膽的邀約皆不輕易接受。比較雞婆的我，於是跟她分享了一部電影《沒問題先生》（*Yes Man*）。

這是由美國喜劇天王金凱瑞（Jim Carrey）所主演的電影，劇中的男主角因緣參加了一個激勵講座，主講人狂熱的宣揚YES的理念：「說他個一百萬次。再說他多一百萬次。YES是一個你必須一天說兩百萬次的字。」於是男主角金凱瑞承諾加入這一項YES提議，改變自己的習慣口語反應，由凡事皆說「NO」，變成極端的凡事皆說「YES」的人，並開始一連串人生的大轉變。

看完《沒問題先生》這部影片後，我們一群朋友七嘴八舌的討論著，這在現實生活中其實不容易做到。因為人只要一想到要進行如此極端的改變便會選擇直接放棄，但其實只要讓目標明確簡單化，容易執行，改變就不再困難。你可以運用「重複想像計數」的概念，從現在開始，累積一千個YES，只要一千次就好，絕對會產生效果！

當然，你並不一定非得說「YES」！你可以用「有可能」取代「不可能」、用「試試看」取代「好難、做不到」、用「好」取代「不要」，最重要的是，從今天開始，請用正面句子取代負面句子，每項至少一百次吧！

用一句話騙騙你的心

我最喜歡的一部印度電影是《三個傻瓜》（*3 Idiots*），其中男主角藍丘的經典名言是「Aal Izz Well」，就是「一切順利」的意思，默念「Aal Izz Well」是藍丘哄其他朋友的咒語。他說我們的心很容易恐懼，所以要常常騙騙這顆心。好朋友拉加不服氣的嗆他，這樣又能改變什麼？藍丘說雖然不能改變什麼，但是能讓你有面對困難的勇氣。有勇氣面對，才有機會改變，否

重複的力量

則一旦放棄了，就真的成了定局。

現在我也常常念「Aal Izz Well」。感覺自己的心就像是一個傻瓜，越來越相信那個咒語，每當遇到不順心的事，我的內心就會浮現可愛藍丘的臉龐，不管有沒有真的變好運，心情也會比較輕鬆。

現在，你也可以創造一個專屬於你的好運咒語。但別忘了，請至少重複一千次以上。

那些你認為很難的事，他怎麼辦到？

重複想像，讓我不再大聲罵小孩

不曉得哪根筋不對，博帝對小孩非常好，唯獨在面對小孩的膽怯時，情緒便很難控制，特別是當孩子遇到不會的數學題目，請求教導時，他會因為孩子的默不吭聲而大聲吼叫「為什麼問你時你又不講話……」。博帝認為這樣下去實在不行，決定改掉這老是對孩子大聲吼叫的壞習慣。

二〇一〇年十月十三日早晨，博帝寫下他的目標：「當我生氣時，要將音量減半」，並在願景單上畫了自己冒煙的大頭像、一個大聲公再加上一條切斷的粗斜線，然後開始進行「重複想像計數」。

就這樣重複想像計數過了二天，博帝一共累積了三一四次的想像數量，此時小孩剛好來問數學問題，博帝想，此時正好可以用來檢驗自己重複想像的成效。

一共有八個計算題，小孩錯了四題。一如往常，為了引導教學，博帝會開始問問題，但孩子經常默不做聲，只是呆呆看著，博帝當下又快控制不住脾氣，然而，他罵人的音量卻比以往小聲許多！博帝也很驚訝自己有如此優

重複的力量

良的控制力，以為自己成功了，便停止了重複想像計數。

沒想到過了一個星期，當小孩又來問數學時，他的暴怒脾氣竟然又發作了，而且比之前更嚴重，這代表三一四次的想像數量根本不夠！怎麼辦？當然是再加碼計數，這次博蒂決定重複到一千次。

過了幾星期，有一次，博帝手裡拿著水果盤，小孩卻不小心撥到他的手肘，結果水果盤整個掉在地上，博帝生氣的大吼一聲：「你怎麼這麼不長眼睛呀！」大吼的當下，博帝感覺全身瞬間凍結，心裡突然冒出重複計數「一千」這個數字，同時想到那句「音量減半」的目標，他瞬間靜默了一會兒，自己就笑了出來。他覺得這是一次奇妙的體會，重複一千次的想像計數，讓他的潛意識牢牢記住，當壞習慣又發作時，會瞬間有所自覺。

最後，博帝說：「如果我沒記錯的話，到現在二〇一二年七月，我的重複計數已高達一千次，行動計數也達十二次（行動計數一％），表現還算可圈可點，我想我一定能輕鬆改掉幾十年大聲罵人的壞脾氣！」

那些你認為很難的事，他怎麼辦到？

重複想像，讓我找到理想工作

有個晚上，朋友智凱來找我聊天，他正思考著未來的職涯規畫，因為在金融界工作兩年多以來的日子很痛苦，想著未來五到十年如果繼續留在這行，到時會是怎樣的景象？智凱猛然發覺這不是他想要的生活，但又對未來感到困惑。於是我請他試試看「重複計數法」，把自己的想法告訴這個計數器，邊想邊按。

以下就是他的重複想像過程：

第一，寫下願景目標：找到自己心中理想的業務工作。

第二，重複想像計數：重複想像積極開心、有動力的拜訪客戶的畫面，目標二百次。

第三，行動一％：寫履歷、應徵新工作。

在重複想像計數的過程，智凱發現自己很喜歡禮品業務的工作，這種工作有種天天送禮物給朋友的感覺，等於天天當聖誕老人，送禮與收禮者都開心，於是他開始著手寫履歷，應徵相關的產業，甚至花時間去了解禮品業的整個產銷流程。

沒多久，智凱興奮的告訴我：「二〇一〇年六月，當我正在按計數器，想像自己像聖誕老人積極拜訪客戶時，突然接到一通電話通知要面試，當下我還記得按到的數字為二一六，真是很神奇的許願力量，而且面試過程非常順利，對方當場就決定錄用我，於是我在七月一日正式成為該禮品公司的業務員，找到我最喜歡的工作。」

「以前，我面對職涯的轉換總是心生畏懼，所以故意逃避，一直待在一個自己不喜歡的環境裡，可是內心還是亂亂想，卻不知道到底該怎麼做。而這個重複想像計數法讓我只要想著『早日找到自己理想的工作』，不用刻意去想我應該要如何思考、怎麼做等等，就這樣在不知不覺中，我終於有勇氣正視自己的問題，並且開始行動。」智凱興奮的表示。

原來，重複想像真的讓智凱的心的力量變強，更有力量面對挑戰！

重複為什麼這麼有力量

「成功就是簡單事情重複做。」

——大中華地區首富李嘉誠

第四章

怎麼重複，才不會半途而廢？

同一個願望或同一個目標，我們可以換一下許願詞語，換換激勵的語助詞，把Yes變成Great，或是修改想像畫面，甚至替自己換件衣服及配飾。練習變換想像畫面，容易讓行為持續，也能夠鍛練想像力及創造力，何樂而不為。

重複的力量

為了達成目標，我們經常會擬定許多計畫，有的可以輕易完成，有的做起來很困難，然而重複想像計數法是運用「簡單操作，容易開始」的原理，將整個計畫分成許多小動作，只要將每一樣小動作確實完成，就像那個前面談到的只要一秒敲一下的新時鐘，夢想將會實現。

1. 每做一樣與目標相關的行動（行動一%），即使是小小行動也計數一次。
2. 重複再重複，確實執行，直到所設定的目標數量。
3. 中途設定階段獎勵，每週累積總分超過五十次給自己一個小禮物（吃頓大餐），超過一百次則給自己一個大禮物（安排一個短期旅遊）。
4. 用一個可以計數的工具來提醒自己持續重複想像及行動，看到數字漸增就知道自己正在進步，離目標越來越近。

當然，你還可以把你的想法、點子、計畫，告訴某個人、同好團體，你所敬重的人，一旦送出了訊息，即使對方沒有天天提醒你、逼迫你，仍然會有隱約的自我監督力量。

該用什麼工具來計數？

要做到重複計數，你必須找到一些方便計數的工具，以下是我覺得不錯的方法：

計數器：使用計數器來進行重複想像是最方便的，想一下按一下，念一下計一下，閃過願景單畫面也可以算一次，真的很簡單。拿計數器來重複想像，我們可以稱它為許願計數器、圓夢器、心情回復器、舒壓器、小綿羊（拿來數綿羊，按一按會很放鬆，就睡著了）。如果你手邊剛好沒有可以計數的工具，還可以使用以下方式來代替。

正字符號：以「正」或是「卌」符號累計在紙上、手機或PDA裡。

重複的力量

我在準備會計師高考時，就是用正字符號來重複想像，自我激勵。

千紙鶴、摺紙星星：小時候很流行的生日禮物，就是摺千紙鶴然後放進透明罐子裡，送給朋友，代表一千個祝福，我們也可以摺一千隻紙鶴，放進一千次想像到許願盒裡頭。

填格趣：設計一張表格，例如在一張A4紙上畫上一百個格子，你可以為他取個名字，例如：夢想百格；每塗滿一格代表重複計數一次（或十次），也可用打勾、畫符號或戳洞的方式來執行，記得每集滿一百次要行動一次。

你可以在塗格子時，用不同的顏色或符號來代替你的心情，感覺良好塗上紅色，看著夢想百格，你還可以回顧自我心情！（附錄有空白的夢想百格範例，歡迎自由推廣使用。）

美夢泡泡：在運送電腦等較貴重不耐摔的箱子裡，常可看到一種用來保護物品的塑膠包裝材料氣泡紙，或稱氣泡布、氣泡袋、泡棉（其發明概念是來自幼童用的塑膠游泳池），上面佈滿注入空氣的小氣泡，以雙指用力按下突出的氣泡即會「啵！」的一聲消扁。

你可以準備一張這樣的氣泡紙，每重複想像一次就按下一顆氣泡。有「啵」的聲音以及壓破的實在感，還蠻有趣的。你可以將「啵」的聲音當作是美夢泡泡，藏在泡泡裡的夢想興奮的飄了出來！

這樣重複計數，超有樂趣！

集豆樂：準備一些綠豆及一個「集夢袋」，每想像一次即丟入一顆豆子到集夢袋。當然你也可以用紅豆、花生、米粒、小紙團、小石頭來重複計數，有人甚至更用心的摺許願星星及千紙鶴；而「集夢袋」也可改成圓夢桶或夢想盒。

集豆樂還有一個大優點，那就是實質分享，當重複想像到達一個大數字時，那一堆夢想豆豆要如何處置呢？不妨煮鍋綠豆湯來喝吧！我們可以邀請

重複的力量

親朋好友一起分享你的計畫，大家一起把你的圓夢綠豆湯喝下去，讓眾人為你祝福，互相鼓勵加油！

許願聖杯：集豆樂比較不容易統計數量，用量杯就有方便統計的優點，只要是有刻度的瓶瓶罐罐都可以，盛米量杯、奶瓶、保溫瓶、運動水壺，自己畫刻度也可以。刻度就是你的重複數量，我們可以用「米粒」來重複計數，每想像一次願景，就放一粒米到杯子裡，也可以放綠豆、小石頭、葉子，任何你喜歡的小東西。許願聖杯就像是你專屬的許願池，杯裡的許願物越滿，刻度越高，你的願望就會越快實現。

那行動一％要如何執行呢？一般的量杯大刻度間會有小刻度，一公升到二公升之間會有十個小刻度，每一小格是一百毫升，每一大格就是一千毫升。只要每次願景想像的小刻度遇到大刻度時，我們就做一件與目標相關的行動，並放入一樣特別的小東西，例如紫米、大黑豆或花生米。

我們也可以在許願聖杯旁邊再放另外一個小量杯，叫做「行動聖杯」，專門用來統計行動的次數，只要注意行動聖杯的數量，永遠要保持在許願聖杯的百分之一以上。

彩色砂瓶：有看過彩色砂瓶嗎？就是透明玻璃瓶中，有一層一層不一樣顏色的砂子所組成的美麗裝飾品，也有人在玻璃瓶中放入五顏六色的海鹽。

找一個漂亮的透明玻璃瓶，若上面沒有刻度，就自己用奇異筆畫上去，每十個小刻度，就畫一個大刻度。

準備至少二種顏色的砂子，假設一個是米黃色，一種是藍色。砂子是一種很細膩的大自然禮物，我們抓起一把細砂，在手中細細想像你的願景，然後放入彩色砂瓶中，當哪天看到砂子來到第一個大刻度時，請抓起一大把藍色的細砂，想一下這幾天準備要做些什麼與願望相關的行動，然後倒進瓶中，之後的幾天只要有具體行動，就再倒進一些藍砂。玻璃瓶中，黃色代表你的許願次數，藍色代表你的行動，每十格黃砂可能是一百次或十次的重複想像，每十格黃砂後會出現一層代表行動的藍砂。看著黃藍交錯的細砂，彩色砂瓶裡滿滿是你的夢想與行動。

如果是用海鹽砂瓶來計數的朋友，則可以在裝滿彩色海鹽時，把它拿來泡澡慰勞自己，每一顆海鹽都是願望，象徵把夢想洗進身體裡。也可以送給朋友當作祝福，跟朋友說：「每一顆海鹽都是祝福。」

把願景具體的拼出來

串珠：準備一條長長的繩子或釣魚線，每重複想像一次願景，就穿入一顆有洞的珠子，當完成一次相關行動就放入一顆特別的東西，例如大顆的或不同顏色的珠子，每一百顆珠珠剛好串成一個禮物。還可以寫張小紙條（願景單），挖個洞，串進繩子裡。

若你覺得每想像一次就放入一顆珠子，這樣珠鍊會很長，也可以把每顆珠子代表十次的重複想像，這樣十顆珠子就是一百次的許願，可以串成一條手環。親手作的許願串珠手環，是非常棒的勿忘夢想小飾品。

除了串珠，也可以串迴紋針、橡皮筋、鈕扣，或任何有孔洞的東西。

積木：每一塊積木可以代表一次或十次願景想像，塊塊相扣組成一種造型，甚至可以組成自己的願望：一台跑車、一棟豪宅。

繼續延伸積木的概念，你也可以買ＤＩＹ的模型，每想像一次或十次就黏上一片，通常一個模型都有幾十個或上百片零件，組好一座模型，你的目標也實現了。

夢想拼圖：拼圖有一百片的、三百片、五百片，甚至是上千片的，每想像一次願景就找一片來拼。拼圖除了能用來重複想像，還能訓練腦力，真是一舉兩得。

我們可以自己製作一張夢想拼圖，拿出一張厚紙板及一個可以放進紙張的盒子，在厚紙上面寫下你的願景，並在厚紙板的背面畫上一堆交叉的線條，用刀片沿線割開做成拼圖。拼圖片數就是你準備重複想像次數的目標數量，甚至可以在拼圖的背面寫下計畫靈感，或是做了哪些行動。拼圖拼好了，目標也完成了！

計數器APP：只要上網查一下「Counter」，就可以找到許多有計數功能的APP（應用程式）。如果你是用iPhone的智慧型手機，可以試試看「Tally Counter」這款免費的計數器APP（網址：http://itunes.apple.com/app/tally-counter/id288732372）；如果你是用Android系統的手機，則可考慮「Count'em all!」，也是免費的（網址：https://play.google.com/store/apps/details?id=digitalfish.counter）。

我發明的夢想計數器：許願石

以上所提的這些方法雖然很有趣，但是應用起來或多或少還是會遇到一些障礙。例如，用正字符號、夢想百格及美夢泡泡計數，數量小的時候還可行，但當數到上千、上萬次的時候就比較麻煩；千紙鶴、摺紙星星、集豆樂、許願聖杯、彩色砂瓶、串珠積木及夢想拼圖，雖然會讓人覺得非常感動，但缺點是要DIY並很有耐心的賞玩；用手機APP重複想像計數雖然很方便，不過很容易分心，專注想像到一半會突然叮咚一聲收到留言，況且手機不容易產生心錨感（提醒物），因為你看到手機，第一直覺不會先想到心中所許下的願望，而是想要打電話、簡訊、臉書按讚打卡，要持續重複想像比較困難。

由於以上這些因素，我在研究心想事成的重複計數法時，自行研發了一款專屬重複想像計數用的產品，叫做「許願石」（Wish Stone）。

這是我依照重複計數法，量身設計的創新產品，能計算你重複想像次數及行動次數，還能計算你的行動比例或達成率，在階段大數的時刻或行動比例表現良好時，還會給你鼓勵的回饋，當行動力不佳，則會給你催促的訊號，若是你太久沒有關注所設下的目標，許願石還會擔負起提醒的責任，在你快要忘記願望時震動起來，提醒你勿忘夢想。

當然，我相信你一定還有其他更好的計數方法。歡迎你上我的圓子夢粉絲團與我一起分享你的計數工具。

走一趟森林浴，練習重複計數

我很喜歡在假日到有瀑布的森林走走，這麼長的一段路我是如何走到終點的？關鍵是重複。沒有重複抬腳往前放下千百步，怎能如願看到心裡所想的瀑布。雖然重複抬腳，小腿會酸，心裡會悶，但很容易就走到終點，為什麼？因應對策就藏在森林浴的巧妙設計中，而這一切就跟我的重複計數法有異曲同工之妙。

1. 明確目標：等在終點的瀑布就好比重複計數法的第一步「願景單」，明確的目標讓我知道該往哪裡去，讓人有持續前進的動機。

2. 目標計數：森林步道中的里程立牌，標示著到終點的瀑布總共幾公尺，沿途也不時會出現剩餘多遠的指標。這些明確的數字，可消除我們對遙遙無期的不確定感，讓我們有前進的動力。當我們有訂定目標數量，會更容易持續做下去，不會盲目亂想。

3. 階段目標、階段獎勵：過程的中繼站是我們的階段目標，到第一座眺望亭只要八百公尺，不到全程的三分之一，中繼站的美景、點心、快樂閒聊，甚至是到小販購物，都是一種獎勵的行為，繼續往前的燃料。階段目標加上階段獎勵，心裡會踏實許多，不會覺得登天難，進而逐站完成，到達終點。

同樣的，把龐大數量的重複計畫，分成好幾個階段目標數量，並在各階段目標設定小小獎勵，看似艱鉅的重複將變得很容易、有趣。下次踏青時，不妨試著感受「階段目標、階段獎勵」的好處。

在享受森林浴的過程中，若是我們偶爾換個路線，走個小徑，蹲看小蟲，摸摸樹幹，會比直接一股腦兒往目標走更好玩，把注意力從酸酸的小腿轉移到其他地方。

同一件事情，我們可以偶爾換一下執行細節，同樣是慢跑這項運動，我們可以換換路線，跑步時，心裡想些不同的事情，或是在慢跑的過程中，尋找一片特殊的葉子、一顆奇異的石頭，跟大自然說早安，與路邊的狗狗打招呼。

同一個願望或同一個目標，我們可以偶爾換一下許願詞語，換換激勵語助詞，把YES變成Great，或是修改想像畫面，甚至替自己換件衣服及配飾。練習變換想像畫面，容易讓行為持續，也能夠鍛練想像力及創造力，何樂而不為。

成功無關準備，而是何時開始

以上我已經把我如何重複才有力量的方法告訴你了，你可以開始試試看。**常有人說：機會是留給準備好的人！錯了，這跟有沒有準備根本無關，你真正需要的是「開始」，先設定目標然後重複想像計數，之後行動一％就好。**你會發現，想法的引擎一開，你突然就動起來了。

有個故事說，蛇、螞蟻、蜘蛛及蜈蚣，幾個在家裡打麻將。八圈之後，大家商量讓誰去買菸。蛇說：「我沒腳，我不去，讓螞蟻去。」螞蟻說：「蜘蛛八隻腳，比我多，讓蜘蛛去。」蜘蛛說：「我的腳再多，也比不過蜈蚣大哥呀！讓蜈蚣去吧！」蜈蚣無奈心想，沒辦法！誰讓我腳多呢？於是蜈蚣出門去買菸……。

半個鐘頭過去了，不見蜈蚣回來，又過了一個多鐘頭，還是不見蜈蚣回來。大家於是出去看看，一出門就看見蜈蚣在門口坐著，蜘蛛生氣的問道：「你怎麼還不去呀？大家都等著呢！」蜈蚣也急了，叫道：「廢話！你們總得等我穿好鞋吧！」

重複的力量

這個笑話給我們一個啟示：「凡事不能等準備好了才去做」。微軟創辦人比爾．蓋茲（Bill Gates）和蘋果電腦創辦人賈伯斯（Steve Jobs），兩位不約而同，在心中有想法與點子時，不等到大學學業完成，一切都準備好了才行動，他們馬上就去做。

當然，我並不是說要輟學創業才能成功，只是我們千萬不能像蜈蚣一樣，非得要等每隻鞋子都穿好才要出門，你該抓住機會、靈感及點子，馬上開始，穿上第一隻鞋子，就直接站起來走了，從「一」開始，重複想像一千次堅定決心，加上一%的行動。

反正就算沒穿鞋，菸還是買得到，不是嗎！

尋優計數，把討厭變欣賞

佳昌是個高科技產業的研發工程師，對於自己的專業知識與技能非常有自信，唯獨缺乏良好的人際關係，不易與他人好好相處，他常抱怨：「誰誰誰愛計較又常拍上司的馬屁，我為什麼要對他好、我不想惺惺作態，偏偏他又是我每天必須面對面的人，我該如何是好？」

想要真誠的對別人好，其實不用忍受與壓抑，只要盡量從對方的身上找到優點，讓自己打從心底認為對方也是值得欣賞的人，多一分喜愛則少一分厭惡。

經過一番腦力激盪，我建議佳昌用「夢想百格」執行尋找優點重複計數，暗中觀察所討厭的人，想辦法從中找尋對方的優點。

第一步，佳昌在夢想百格的最上方寫下願景目標：重新建立良好人際關係。然後開始重複計數，執行在別人身上尋找優點的計畫，目標在一個月內找

重複的力量

到對方的一百個優點。接下來，進行行動一%：找到一百個優點就獎勵自己一次。

第一週，佳昌好好的觀察對方的特質、態度以及行為，只要對方表現出自己認為「不是缺點、不討厭、不排斥」的感覺就計一點，在夢想百格打一個勾，若是發現了對方「還蠻喜歡」的優點則計二點，若對方「向我示好、幫助我」則計五點，即使觀察到重複的行為仍計上一點。他給自己一個目標，當週只要計數超過廿五點，就開著車子去海邊兜風，小小鼓勵自己。

一個月後，佳昌完成勾滿一百點的夢想百格，看著那大大小小的勾勾回憶著：「跟那位討厭的同事共搭電梯，發現他會有禮貌的按著開門鍵讓人安全出入，所以計了二點，有一回他跟同事講話竟然沒有以往酸溜溜的口吻，再計一點。」當週統計超過三十點，佳昌就開車到北海岸吃了頓開心的海鮮大餐。

當夢想百格計數接近一半，也就是累積到五十點時，「那位令人討厭的同事看我正在加班，就主動問我要不要代買便當，我計了五點，還問我說有沒有要幫忙的地方，突然間我發現他不像以前那樣討人厭了，當天我計了十大點……。最後，我居然完成百格，於是我決定鼓起勇氣邀他一起吃個午餐，還是我請的客。」佳昌開心的告訴我。

佳昌其實並沒有做什麼太大的改變，他只做了一件事：重複計數，統計對方的優點，他說這個方法真的太神奇了，不只學會欣賞原本不喜歡的人，又能改變自己老是憤世嫉俗、批判他人的負面情緒。

要怎麼樣才能讓大家喜歡和你在一起呢？你先對別人好，對方自然也會對你好。如果在公司裡你也和佳昌一樣有超討厭的人，不妨也來試試這個尋優重複計數的方法吧，挑戰看看自己有沒有辦法在一個月之內，從別人身上找到一百個優點。

那些你認為很難的事，他怎麼辦到？

丟東西計數，找回一百分的人生

好友雅君跟我分享了一本好書《丟掉五十樣東西，找回一百分人生》（大是文化出版），作者要我們藉由丟東西來去除所有與自身不相干的有形或無形的雜物，丟掉實體雜物，就能整理好心情，丟掉情緒雜物（放下之意），你會變得更有魄力。我跟她說：「這點子很棒！問題是現在你丟了幾樣東西？」她回說：「唉！只有十樣耶」。因為書中規定丟十件衣服只能算一樣，要集到五十樣真有點困難！

我建議她不妨用「心想事成的重複計數法」來執行看看，並送她一個計數器，命名為「丟丟計數器」。雅君想了想後，立即寫下：

的人生。

第一，願景單：再丟掉四十樣東西（原先已丟了十樣東西），找回一百分

第二，重複想像計數，先不用想要丟什麼有意義的事，只要先重複想像「用手丟掉垃圾，身體變輕盈」的畫面就好，每想一次就按一下丟丟計數器，目標次數四千。每達一千次就獎勵自己一次。

第三，行動一％，每重複想像一百次，就丟掉一樣實物，丟掉與否的原則比照書中所說：「留下對自己來說感覺好的東西，丟掉感覺不好的」。完成目標剛好會丟掉四十樣，加上原來的十樣，就會完成書中所說的五十樣東西。

剛開始的五百次很容易執行，雅君說：「有了丟丟計數器，多了趣味，也有提醒自己要實踐的作用」。她丟了不會再看的舊書、雜誌、一大堆太小的塑膠袋、壞掉的燈泡、只剩一支的襪子、一大堆不用的筆。

到了一千次，丟了剩下一點的清潔保養品，丟了登山協會送的帽子、洗

重複的力量

不乾淨的枕頭套與床單；還丟了三瓶佈滿灰塵的精油空瓶，丟掉空瓶時她有種徹底解放的心情。

重複累積到二千的時候，她丟了過期的維他命與胃藥，告訴自己保持健康不能只依賴保健食品，應該是健康飲食及作息呀；再來，又丟棄乾掉的膠水、沒掛牆上的拼圖與畫作、過時的假花、不曉得要綁什麼的窗簾扣袋，並丟了二瓶定型髮蠟。雅君說：「沒想到隨便按一按丟丟計數器，執行書中的要求竟變得如此容易。」

雅君說，當計數到二千多到三千時開始有點傷腦筋，因為不曉得還有什麼可以丟的。還好看到超商裡的隨手捐發票的透明箱，才猛然想到有一大堆的過期信用卡帳單及發票，撕掉帳單，向過去不當的財務管理說拜拜；順勢又丟了抽屜裡的名片、賀卡、舊的筆記本、書籤、生鏽的訂書針、橡皮筋、難剪的指甲刀；還挖出了幾張好幾年前到廟裡抽的籤詩（命運要靠自己來創造——丟了它）。這丟丟計數真的越來越有趣，身心輕盈到好像成仙似的。

到了計數三千五百時，雅君越丟越有心得，硬是翻箱倒櫃，找到原本不想丟的小時候的獎狀，勇敢拋下過往的榮耀，又丟了舊的光碟播放機、找不到主機的充電器、軟體光碟、不曉得是開哪個門的鑰匙，社區管理員還來關心說是不是要搬家，嘿！覺得自己真有行動力。

終於來到目標四千了，雅君之前曾想過要丟掉舊情人的回憶，但一直無法忘懷，現在看到丟丟計數器上累積了四千個放下的堅定與決心，她認為自己的心臟應該夠強壯了，她終於決定把舊情人相片、鎖在箱子裡的相框、前男友送的手鍊、耳環，還有明信片及情書，通通丟掉。現在雅君看起來神采飛揚，煥然一新，連我也想跟著她一起除舊布新了。

丟十樣同類的東西才算一樣？難怪我們不容易執行。如果你也想像雅君一樣丟掉雜物與放下，建議你運用重複計數法，我們可以每想像一百次就真的丟掉一樣東西，目標數字為五千，當你達到目標數時，就等於丟掉五十樣東西，找回一百分的人生了。

重複為什麼這麼有力量

「每一個重複的動作都有養成習慣的可能，重複的次數越多，動作也就越純熟。」

——法國著名作家大仲馬（Alexandre Dumas）

第五章

重複真有用，為什麼你做不到？

只要某個方法很好，很多人就會建議你「每天要……、不間斷……」：每天對著鏡子說我很棒、每天讀英文半小時、每天按摩拉筋十分鐘、每天做一件有意義的事……。天呀，「每天」這二個字的壓力實在太大了，是一種永無止境的感覺。所以，我們不該「每天」，只要「重複」。

俗話說「熟能生巧」，大多數人都承認重複練習很重要，天才就是重複最多次的人，既然原理如此簡單，但為什麼你就是做不到呢？

「每天」？一想就累

只要某個方法很好，很多人就會建議你「每天要……、不間斷……」每天對著鏡子說我很棒、每天讀英文半小時、每天按摩拉筋十分鐘、每天做一件有意義的事……。天呀，「每天」這二個字的壓力實在太大了，是一種永無止境的感覺。

既然要每天，反正明天也是每天、後天也是每天，既然都要做了，還要做這麼久，晚一、二天開始又何妨，你就會一直拖下去，永遠無法開始。

再來，「每天」這二個字會讓你氣餒，讓你挫折，減低你的自信心。因為今天重感冒，所以無法做，這幾天工作太累，好想放縱一下自己，然後過幾天發現自己有好幾個「每天」沒有做到，就會覺得自己很不乖、沒有用、懶惰、做不到，這樣自我貶低的想法，反而成為改變的絆腳石，慢慢的你就會自我放棄了。

不要每天，只要「重複」

所以請不要再說我決定「每天……」了，你得把每天變成「重複想像」，只要先想一千次就好了。一千次是你的目標數（夢想數），你要什麼時候想都沒關係，不用強迫自己一定要每天，不用無趣的定時，只要有「想」就計數一次，這樣即使是意志力很薄弱的人也可以輕易做到。

為了累積這一千次的想像，你也許花了將近一年時間才能達到，但換算回來你會發現這一年累積的一千次，等於你「每天」平均想到二．七次，比之前每天一次還要多一倍，而且不會覺得有壓力！更有可能的是只要持續這樣想像二千次，你就已經養成習慣了。因為按照行動一%原則，你等於已行動二十次，而心理學家說做二十一次就養成習慣了。

熱度為何不能持續?因為沒有計數

為了追求改變與成長，我很喜歡閱讀，也聆聽了許多場熱情的演講，上了一系列的成長課程，這些絕佳的理念與方法，多半正中我們這群有想法的人的心坎裡，令人熱血澎湃，全身充滿了電力，信心十足。「嗯！我也要來好好調整一下」，甚至雞婆的想與周遭親朋好友一同分享。「對對對！我也想要事業成功加上財富自由，趕緊來擬個投資計畫。」到書店再翻翻相關文章。

半年後……「這個方法對我好像不適用，那對我來說太困難，他能成功一定是有什麼特別條件……」，結果往往五分鐘熱度、半途而廢，然後抱怨為什麼別人做得到，而我卻還在原地踏步。這就是當年我待在父親給的舒適圈卻天天哀怨的真實寫照。

要解決五分鐘熱度最好的辦法，就是設下目標數字，規範自己只要重複想像這件事先三百次就好，並且做這件事三次（行動一％），一遍想五分鐘等於想了三百秒。再也不會做個幾天就隨便讓自己因為惰性半途而廢了。

沒有目標，重複幾次也沒用

經典童話故事《愛麗絲夢遊仙境》裡有一段經典的對話。愛麗絲問貓：「請你告訴我，我該走哪條路？」貓回答說：「那要看你想去哪裡？」愛麗絲回說：「我不知道」。貓說：「如果你不知道，那麼走哪條路也就無所謂了」。

我有位朋友泳技很差，卻被夫家的人盛情邀請參加泳渡日月潭活動，她

重複的力量

只在前幾週稍微訓練一下，就傻傻的跟著大家一起跳進日月潭，游到一半時，她已經感到雙腿雙手麻木，大家都非常為她著急，一直在等著她什麼時候會舉起手來，要求救生大隊將她拉起。

沒想到她最後竟然游完了全程，別人好奇的問她是怎麼做到的？她說：「在水裡面，我只看得到日月潭對岸的那個紅色終點，感覺快到了快到了，再撐一下就到了。」最後她終於成功上岸了。

哈佛大學曾有一個關於設立目標對人生影響的追蹤調查。對象是一群智力、學歷、環境等各方面都差不多的人。調查結果發現，受訪者中有二七％的人沒有目標，六〇％的人有較模糊的目標，一〇％的人有清晰而短期的目標，而僅有三％的人有清楚長期的目標。後來經過二十五年的追蹤結果顯示，那三％有清楚目標的人在二十五年後幾乎都成了頂尖人士。

至於那些一〇％有短期目標的人，多半生活在社會的中上層，狀態穩步上升。那些完全沒有目標的人，則幾乎都生活在社會的最底層，過得不如意，常常失業，靠社會救濟，並常常抱怨他人。

當我們的目標不夠明確，即使知道重複是有力量的，也會容易心猿意馬、半途而廢。所以，我們要先將模糊的目標變成「明確的目標」，並且用重複想像計數「深化這個目標」，讓它成為內心非常強烈的願望，才會有持續的動力。所以重複計數的第一步驟，就是要求我們寫下願景單，只要你拿起筆來，把想法化為文字，自然而然就會迫使腦袋開始組織起你那不夠明確的想望。（願景單怎麼寫，詳見第六章）

目標混亂，老是換來換去

跟朋友一起去冰果店吃粉圓豆花時，自己的那碗先送來，後來別人的豆花也上桌，我們很自然的會看看別人那碗裡面有什麼料，這就是台灣俗諺「呷碗內，看碗外」的寫照。

重複的力量

我的個性很好奇，喜歡新鮮事物，但又沒有耐心，所以常會想辦法抄捷徑，想很快找出比較輕鬆容易的方法，然後再換另外一個目標，結果常常前一件事情還不夠熟悉，心裡就又想著另外一件事，由於前一個累積的練習數量不夠，還沒熟練，就馬上換另外一項，不夠扎實，所以不容易有好的表現，也導致我常常一事無成。

你當然可以看看別人的那碗豆花，不過，請先好好的把自己那碗豆花專心吃完吧！所以，先別寫下太多願景，先試一個就好。

沒有量化，不曉得要重複多久

山田本一是日本著名的馬拉松運動員。他曾在國際馬拉松比賽中，兩次得到世界冠軍。很多人問他得到冠軍的祕訣，山田本一說：「起初我和大家一樣，把目標定在終點線的旗幟上，結果當我跑到十幾公里時就疲憊不堪了，因為我被前面那段遙遠的路嚇到了。後來，我決定改變策略，每次比賽前我都先乘車把比賽的路線仔細地看一遍，並把沿途比較醒目的標誌畫下來，比如第一個標誌是銀行，第二個地標是一個古怪的大樹，第三個標誌是一座高樓……這樣一直畫到賽程結束。比賽開始後，我就奮力地向第一個目標衝過去，到達第一個目標後，我又以同樣的速度向第二個目標邁進。四十多公里的賽程，被我分解成幾個小目標，跑起來就輕鬆多了。」

曾經有個實驗，找來三組人馬，讓他們分別朝著幾公里以外的三個村子出發。實驗者沒有告訴第一組人要到哪個村莊，也沒說路程有多遠，只告訴他們跟著嚮導走就行了。剛走兩三公里，就開始有人叫苦，走到一半的時候，就有人開始抱怨為什麼要走那麼遠，何時才能到終點，有人甚至離開了隊伍。

第二組的人則知道村莊的名字和路程大概有多遠，但路邊沒有里程碑，只能憑經驗來估計行程的時間和距離。走到一半時，大多數人想知道已經走了多遠，比較有經驗的人說「大概走了一半的路程」。於是，大家又簇擁著繼續往前走。當走到全程的四分之三時，大家情緒開始低落，覺得疲憊不堪，而路程似乎還有很長。當有人說「快到了」，大家才又振作起來，加快了行進的步伐。

第三組的人不僅知道村莊的名字、路程多遠，而且公路旁每一公里都有一塊里程碑，他們邊走邊看著里程碑，每縮短一公里大家便開心了一下，很快的就到達了目的地。

可見有目標雖然很重要，若能把行動與目標加以對照，清楚的知道行進速度與目標之間的距離，我們的動力就會得到維持和加強，就容易克服困難，努力達成。

重複的力量

重複計數法與這個實驗的啟發不謀而合，明確的願景單，加上重複某目標數量的想像或行動，看著重複次數逐漸增加就像是一段一段的里程碑，最後隨著行動計數的一％節奏做些與目標相關的行動，改變將不再困難。

以為簡單就不需要重複

華人首富李嘉誠曾經說過：「成功就是簡單的事情重複做」。不成功的原因並不是我們做不到，而是因為我們不願意重複去做那些簡單的事情。

以前我的孩子每天總是拿著同一片兒童教材巧虎DVD，要求我放給他看，我跟他說今天已經看三遍了，他還是百看不厭的要求再看一次。《格林童話》故事已經講了不下十遍了，他還是百聽不厭，有時候跳過一些情節，他馬上就發現了。想想看一個這麼簡單的故事，小孩子為什麼一直重複聽，甚至重複玩同一個玩具，你重複做同一個動作他還是呵呵大笑。

教育學家發現，重複對幼小孩子的智力發展非常重要，因為雖然孩子能聽懂，但是這個時候的認知能力有限，只有透過多次重複的過程中，才能發現和體會新的東西，所以**每次重複可能都會有新的收穫**，就算是一件看起來

重複的力量

很簡單的事情和動作也是如此。

有個寓言故事：狐狸和猴子好幾天沒吃東西了，在路上牠們發現了一個洞穴，裡面有個神像和兩個瓶子。狐狸祈求神像：「我們幾天沒吃東西了，這樣下去會餓死的。」神像說：「這裡有兩個瓶子，一個裝滿食物，一個是空的，你只能用觀察的，然後選擇其中的一個。」狐狸說：「誰說的，我看這兩個瓶子肯定都是空的。」聽了這話，一個瓶子開口了：「我才不是空的」。狐狸一聽，馬上伸手抱走另一個瓶子。打開瓶口，果然裡面滿滿都是食物。

猴子大惑不解地問：「你怎麼知道哪個瓶子裡有食物？」狐狸笑著說：「肚子空空的人，最怕人家說他是空瓶子，而那些肚子有料的人，你批評他什麼他都不在乎。」

如果我們都能保有謙卑之心，不怕別人笑，不厭其煩的持續做簡單的事，更不要怕別人笑我們沒學問沒難度，相信多次的重複將能帶給我們更多新的感受及啟發。

誰說重複就一定無趣？

大家都知道練習重要，但一直重複就感覺一連串的無趣，當然做不到持續。所以我們必須要更有創意，在重複過程當中加入趣味。

例如當重複的過程中，每達到階段性的大數，每一百次或每一千次時，不忘給自己小小的鼓勵（記得同步行動的比例也要超過一％）。

此外，如果你運用了重複計數法後感覺良好、有效果、產生了轉變，請立即自我獎勵，或與他人約定慶祝，接受鼓舞。

臨時增加平日晚餐的預算（加點一份松露巧克力）是一個好辦法，週末泡個湯屋渡個小假也不賴，買件心儀已久的小禮服再搭配一雙黑色高跟鞋，也許突然買個小禮物送給小孩，他們高興，你也樂得開心。總之，就是想辦法創造驚喜，為重複的過程添加喜悅的燃料。

該重複的，其實都是小事

人人都想要變得更好，但都不喜歡改變現狀，總覺得改變是一件大事！

水野敬也（Mizunokeiya）所著的爆笑勵志小說《夢象成真》，書中的主角迦尼薩（愛抽菸，愛吃涼粉的印度象鼻神明）要求男主角只要把一些日常小事以及基本觀念做好，就能夠成功，例如，關於「擦鞋」這件小事，神明迦尼薩對男主角說：「你給我聽好了，無論去公司上班、在外面跑業務，或去唱卡拉OK時，皮鞋都一直拚命挺你。如果你不懂得珍惜支持自己的事物，你會成功嗎？蠢材！」還有打掃廁所、吃飯八分飽、下班後直接回家、每天照鏡整理服裝儀容、發現別人的優點並稱讚對方、睡覺前誇獎自己幹得好、懂得為別人著想等等，都是神明眼中的小事。最後，這位男主角就在象神迦尼薩的「先把小事做好」監督之下，有了不一樣的人生。

想要成長，想要進步，我們並不需要一下子就做個大改變，只要重複一些看似日常生活的小習慣，像是每天照鏡整理服裝儀容（喔，不！又是每天，改成照鏡整理服裝儀容一百次就好），有了簡單的開始，漸漸的你就會發現，這些重複想像真的幫助自己變得容光煥發。有了小小成功的改變，對於下一個目標你就會更容易接受，然後用小成功滾出大成就。

最前面百次的重複最困難

曾被《時代》雜誌（*Time*）譽為人類潛能導師的史蒂芬．柯維（Stephen R. Covey），在《第八個習慣——從成功到卓越》一書中，用太空梭飛向月球來比喻改變習慣最難的，就是最初的開始。

柯維說，太空梭從地球起飛的最初幾分鐘內，所承受的重力非常巨大，

重複的力量

為了最終脫離引力控制進入軌道，需要的內推力要大於重力和大氣阻力的總和。因此一開始的幾英里所消耗的能量，比往後飛行五十萬英里所消耗的能量還要多。不過一旦太空梭脫離了引力控制，要做其他事情就幾乎不用什麼能量了。

重複計數的過程也是一樣，許多人剛開始時會告訴你，「這怎麼可能有效？」你的內心會自我交戰、辯論、鼓噪、懷疑、反反覆覆。

雖然這個時候「懷疑」占了上風，但我們千萬不能投降，不只要派更多的兵力投入戰場，還要明確指定投入多少數量的戰士，也就是重複的目標次數，接下來你將會發現腦子裡的對話內容逐漸改變，心理反應也會越來越積極，終將欲罷不能，「懷疑」開始敗退，「自信」開始建立。

以下就是我個人親身經歷過的腦內自我對話，請留意其中的進展變化：

「創業？……別傻了……」

「這不是真的吧……好像有機會耶……算了，別開玩笑……」

「你騙人……這方法無效……不過這樣做也沒啥壞處……」

「不可能吧……真愚蠢……我怎麼會相信這種說法……這需要做很多事情……但好像也沒那麼糟……」

「這樣做還蠻有趣的……如果成功了還真不錯……」

「有創意的事業……來請教某某好了……他一定很驚訝……」

「有一天……我有耐心願意等待……」

「這確實是很好的點子……感覺越來越真實……YES！」

「先找專利師還是設計師……真的有機會嗎……越來越順利……」

「貴人又出現了……真是越來越旺……美夢成真了。」

自信怎麼找？先想像三十次就好

曾經在網路上看過一篇文章，毛毛蟲在樹上慢慢爬，餓了就吃樹葉，覺得好開心。他覺得當隻毛毛蟲真好，希望這種快樂的日子不要結束。但看見同伴一個個變成了蛹，然後就不見了，覺得好害怕。他不停地想，到底他們發生了什麼事呢？

小毛毛蟲一直抗拒結成蛹，心裡想：「怎麼可能有比現在還開心的日子呢？」但結蛹的日子還是來了。關在小小的蛹裡面，他覺得好痛苦，開心的日子都不見了，身體不斷遭受各種改變帶來的痛苦。他問自己：「我到底做錯了什麼事情，要遭受這樣的處罰呢？」毛毛蟲覺得自己再也受不了時，忽然間，蛹慢慢地打開了。牠慢慢爬出來，卻發現背後多了雙翅膀。慢慢拍啊拍啊，揮舞起翅膀，忽然間就飛了起來。

毛毛蟲變成的蝴蝶好高興地到處飛舞，想跟他所遇見的每一隻毛毛蟲說：「你們不是毛毛蟲，是會飛的蝴蝶。不要害怕變成蛹，不用擔心在蛹裡面的痛苦。」但是，沒有一隻毛毛蟲願意理他，少數聽到了也只是哈哈笑，把他當瘋子來看。

當我體會到重複想像的力量時，也曾分享給親朋好友，並熱情的請大家來幫忙實驗。但大多數人都不認為這方法有用，心裡多少會抗拒改變。後來，當我了解大部分的人本來就習於先說「不」時，我改變了策略，我請對方只要先試試看，重複想像你最近想做的事情三十次就好，就這麼簡單，多數人因此有了小小的好感，願意繼續嘗試下去，結果，心想事成的故事就這樣不斷發生了。

太玄？你不妨自己試試看吧！

那些你認為很難的事，他怎麼辦到？

背誦計數，學好語言真簡單

嬿芳好幾年前就想要學日文，但老是斷斷續續，訂了快一年的學習月刊只看了一、二天就束之高閣了。聽了我的「重複計數」方法後，她覺得很有趣，抱著不試就是停在原點，試了就有成功的機會，她開始把計數器當作重複背誦計數的工具，運用「重複計數法」成功的背了上萬個日文單字及例句，並且通過日文檢定。她是怎麼做到的？

第一，她寫下願景單：「日本語を習います，兩年後我可以說流暢的日語」。並預先訂好階段目標以及階段獎勵。當重複背誦計數達到一萬次，要給自己買件漂亮的衣服，到三萬次要泡回暖呼呼的湯，五萬次要換新手機，七萬次決定坐火車到台東騎腳踏車，九萬次買一個到處玩都很輕便的包包，十萬次買一副有型的太陽眼鏡，十三萬次買單眼相機，十五萬次要去夢想中的北海道旅行。

第二，重複背誦計數：開始背日文單字，每個單字計一下／短句計一次／長句計二次，目標數十五萬。

第三，行動一％：想像到日本自助旅行的快樂畫面，與日本人對談、聊天快樂的情境。因為背單字本身即是行動，所以我建議嫵芳倒過來，執行重複想像一％，也就是背單字每累積一百次，就想像一次自己日語很厲害的感覺及畫面，當作持續前進的燃料。

二〇一〇年十月廿四日，嫵芳開始啟用重複計數法！十天後累積了一五五〇次，覺得彷彿有人在督促自己的進度，也會開始注意周遭跟日文相關的事物，果然有提醒的作用。

隔年一月，嫵芳累積到八七〇〇次，快到可以買衣服的一萬次，二月中正

重複的力量

式突破一萬，依約買了件漂亮裙子，而且買的時候心裡覺得理所當然，不會覺得浪費愧疚，因為這是自己辛苦背單字努力爭取來的。

三月初背誦計數來到了一八〇三八次，現在嬿芳會為了要快點達到階段獎勵目標而努力。連看電影排隊買票的等待時間都可以背誦單字六百次，這些點點滴滴零碎時間累積下來也相當可觀。

接下來的日子，嬿芳每天大致背誦計數一千次，如果當天沒有達到，心裡就會覺得怪怪的，好像有什麼事情沒有完成。有時工作比較忙，每天只有一點點進度，但心裡會記得學好日語的目標，所以在睡覺前會特別再看一下數字，不夠就再多背一下，然後安心的去睡覺。

七月底，終於來到重要的階段目標五萬次。依照約定，嬿芳開心地換了新手機！到達五萬五千次時，她的日文會話檢定高達九六分，順利升級。並在累積七萬次，超過第四階段目標時，與家人開心的到台東騎腳踏車旅遊。

俗話常說「萬事起頭難」，這個「起頭」是什麼意思？是決定學好日文的第一天？完成課程報名？還是背第一個單字？這都可以算是起頭，而嬿芳的起頭就是將計數器從「〇」按一下變成「一」開始，逐漸累積、聚沙成塔、一點一滴，滴水穿石。從按下計數器開始到現在七萬多次，嬿芳學日文已滿週年，並超過目標的半數，於是與家人共餐慶祝學習週年慶。最近，嬿芳還剩六萬次就到目標十五萬次了，她開心的說：「北海道之旅，我快來了！」

「重複計數法讓我念日文的動力增強，階段獎勵更讓我想持續加速前進達到目標。我並沒有強迫自己一定得背下來，就是很自然地一個個單字、句子，每個念十到二十次，邊念邊按，沒有一次非得要念完一篇文章的壓力，用零碎的時間就可以了，所以學得很愉快。」嬿芳表示。

重複計數法中的累積數字本身，就是一種「心錨」（提醒物），讓你不再故意忘記目標，「分階段獎勵」讓每個學習的進程都有所鼓勵，增加往下一個目標邁進的誘因，看著「累積的大數字」則提升了你對語言學習的信心。

想跟嬿芳一樣學好語言的朋友，可以規定每週至少要看到二百這個數字，每月至少要看到一千這個數字。當月若突破五千次，代表你一個月背了將近五百個單字，真棒呀！你的確應該好好的獎勵自己一番。

那些你認為很難的事，他怎麼辦到？

想像計數，我改掉拖延的壞習慣

志偉對自己的時間管理及執行力一直很不滿意，明明列了工作清單，往往到了星期五還完成不到一半，為了徹底改善這個拖延的壞習慣，志偉決定試試看重複計數法。

第一，志偉寫下願景單：「我要成為時間管理的高手，工作一定要準時完成」。

第二，重複想像計數，目標一千次。

第三，行動一%，每想像一百次就用一種時間管理方法來執行。

每想像五百次就去玩樂消遣放鬆一下心情，或買禮物慰勞自己。

剛開始執行重複計數時，志偉覺得非常困難，累積想像數字不到一百，而且很無聊。所以他決定改用「夢想百格」，每想一次就依序將每一格打勾，在持續想像計數時，感覺較不易慌張，自信心也開始提升，真是太好了。

過了一個月，當想像計數累積到了五百多次時，志偉已實際行動了六次，他試著將工作內容排列優先順序、每天下班前將桌子清乾淨等方法，發現還蠻有效果的。週末時志偉為了給自己重複想像達五百次的階段獎勵，他跑去法拉利跑車展示店，享受了坐在超跑裡面的感覺，並暗示自己，工作效率要像法拉利的行進一樣，絕不拖泥帶水。

重複的力量

當重複想像到七百次時，志偉開始採用日本女性內衣品牌黛安芬的社長吉越浩一郎的工作方法「將工作細分為小目標，訂出最後期限」，把工作清單的其中一項：週四下午五點完成行銷簡報，在文字底部畫一條線（代表最後期限），又在週二及週三下午，分別寫上「蒐集資料」與「簡報完成」。志偉連續幾週都用這個方法當做行動一％，效果還算滿意，只不過有時候還是會東摸西摸的。

當重複想像計數超過九百次時，志偉採用了一個很特別的時間管理方法：「寫下你要做的動作，而非該完成的事」。他立即把原週二上午十點的「完成行銷A計畫」字樣塗掉，改成「打字：寫A計畫」。沒想到這方法簡單又有效，因為以前光想到要完成計畫就覺得很累，很有壓力，自然會想要拖，但現在改成做什麼動作後，感覺好簡單，心裡的負擔就輕鬆許多。

志偉最後停止計數的數字是一三〇〇，實際行動次數高達七十多次，行動比例高達五％，而且「寫下動作」是實驗過十幾種時間管理方法中，最有效的一種，他把未來十多個工作項目拆分成許多小動作，全部填到行事曆上，做了一個動作就計行動一次。

當重複想像目標達到一千次時，志偉給自己什麼樣的獎勵呢？他買了一支手錶來慶祝一番。

重複為什麼這麼有力量

「練習時做不到，就別妄想在比賽時表現出來。」

——籃球大帝麥可．喬丹（Michael Jordan）

第六章

願景單得這樣寫：有畫面、分階段、向誰下單

隨著重複次數的增加，我們原本不夠具體、自我矛盾、懷疑的心靈會逐漸有細微的變化，這個變化有時會非常細微，有時會有突破性的成長，當你的願景寫得越來越清楚，越能感到置身其中。

剛開始運用重複計數方法時，你可能不曉得要如何設定具體的目標。一開始就很清楚自己要做到什麼地步當然很好，然而也不一定非得一次就到定位，隨著開始持續重複想像計數中，你自然會產生一些靈感，到時候再慢慢修正。建議可以先從簡單的生活小事開始做起：背誦英文單字、一整天都不發脾氣，甚至只是耐心找個停車位等。第一次的成功經驗，會讓你信心倍增。

這樣寫，會讓願景單更有力

1. 明確目標：人事時地物（5W1H）都要具備

什麼（What）、時間（When）、跟誰有關（Who）、在哪裡（Where）、渴望的理由（Why）、數量化（How Much）。

例如，「我想要減肥」是一項非常不明確的目標，體重少一公斤也是減，少十公斤也是減，什麼時候要達成，一百年後嗎？為了什麼理由減肥，想變美還是為了健康？我們不妨把目標改寫一下：

我的目標是：二〇一三年二月十四日情人節晚上（When），我（Who）要達成體重（What）五十公斤（How Much）的目標，可以穿著M號的禮服（Why、How Much），跟男友去王品牛排（Where）浪漫晚餐。

這樣的願景單看起來非常具體、實踐的力量就強了！

2. 要有感官描述：用畫面描述你的感覺

曾經有位廣告界的朋友跟我分享，怎樣才是好的廣告文案？大家通常都習慣用形容詞來描述事情，例如：「希望家人幸福和樂」，但是只有單純的形容詞無法給人留下深刻的印象，必須把形容詞改成具體「畫面」，好比說

重複的力量

「圍爐」就很有畫面。所以你的願景可以改為「希望家人年年過年時快樂圍爐」。

我之所以稱為「願景單」，而不叫「願望單」，就是目標要有「景」象，請在願景單加入一些畫面一些動作吧！

感官描述可以包括：

- 眼——圖像、動畫呈現、色彩。
- 口——語氣、文詞。
- 耳——聲音，聽到好消息。
- 鼻——味道。
- 肢體——動作。

例如你可以寫下：

二〇一三年二月十四日情人節，百貨專櫃小姐對著我說（耳聽）：「這件M號晚禮服穿在你身上真美」，男友與穿著M號黑色（眼）連身禮服的我，在明亮的夜晚散步（動作），到餐廳共享燭光晚餐，在返家的門口，男友的手摟著我二十二吋纖細的小蠻腰（動作）對我說：「苗條的妳更加迷人了……」（口、耳）。

如果你夢想著有間漂亮舒適的房子，可以拍張自己喜歡的建築物、庭院及社區環境，親手畫張想像的室內設計圖，客廳是英式古典風，餐廳廚房是鄉村風，主臥室是維多利亞的浪漫風格，小孩房則是科學夢幻的卡通佈景，別忘了為每一個房間刷上不同色彩的環保乳膠漆；在願景圖中擺上喜愛的傢俱、家電及飾品，在吧台上放張二〇一二年十月份的房貸利息收據，最後把自己及家人們畫在沙發上。更特別的，在想像中添加些原木桌椅的氣息，香煎鮭魚排的味道。

如果夢想能開家獨特風味的咖啡店：花幾個下午，親自走訪喜歡的咖啡店，將該店的特色、優點、缺點列出來，並思考可以如何改進，改造後將變得怎樣；再來挑個地段、選個坪數、營造獨創風格，大門上面有個綠底白字的LoveCoffee招牌，加上吧台裝潢及桌椅擺設，在空空的店裡擺上不鏽鋼的金牌咖啡機等設備，白色骨瓷咖啡杯盤、麻布袋及透明的真空罐裝著各式各樣又苦又香的咖啡豆，收銀機旁有張二〇一二年度淨利數字的財務報表，想想要幾個店員幫忙？兩個男生三個女生，店裡正放著美國知名歌手肯尼．羅傑斯（Kenny Rogers）的音樂，客人們在做些什麼事，利用無線上網查資料，好幾桌心情很High的姐妹淘正在談天說笑，最後假想自己正與穿著白襯衫牛仔褲的顧客天南地北的聊著咖啡經。

這樣重複想像目標，是不是更有畫面，更有想像力，更有感覺，更重要的是可以有更多的變化及趣味。

3. 要有短中長期的階段目標：

記得前一章提到，有三組人馬準備前往某村莊，結果有明確「里程碑」的那組，比較容易走到目的地！所以你的目標也要像里程碑設計一樣，分階段來進行。

短期目標建議設定在馬上有機會達成的範圍內，中期目標則可設定在一年內完成，長期目標則是你最終的理想。

假設你現在六十公斤，希望在二〇一三年二月十四日瘦成五十公斤，目標減重十公斤，平均一個月要消失一公斤。

所以，請寫下三張願景單，第一張是二〇一二年十月十日雙十節，先減重二公斤，十二月二十五日聖誕節達目標體重五十五公斤。所以從現在開始就要積極運動，控制飲食，第一張短期目標的願景單，可以是重複想像一千次自己面對大餐仍能抵抗誘惑的畫面；搭配運動減肥計數，想像自己慢跑時，越跑越瘦、越跑越輕鬆的樣子。記得每張願景單都要有具體目標及感官畫面！

4. 想像已實現的樣子：

法國啟蒙運動領袖伏爾泰（Voltaire）說：「想成為英雄，必先想像自己是英雄。」偶像歌手楊丞琳從小就幻想自己是大明星，她在國中高中時，就常常練簽名，課本上滿滿都是自己的名字。結果長大之後真的成為宅男們最愛的明星之一。

想想看假如現在你已經達成願望了，你的生活會有什麼變化，可能正在做什麼事？想像自己將要站在台上領獎，趕快寫一篇得獎感言吧！你想感謝誰？主管、同事、家人、朋友，或是陪你克服許多挫折的那張願景單，以及那重複想像的數字？

前面所說的「身穿M號禮服」其實就是一種想像已實現的範例。你也可以重複想像衣櫥裡的衣褲都已換成M號的，不論是在家裡、公司、旅遊或是約會時，都穿M號的衣服。

對平日沒有習慣天馬行空亂想像的人來說，要突然想像各種細節其實很困難。我有一套想像力練習的入門小技巧，從形狀開始想像比較容易，把眼睛閉起來，想像三角形的出現↓替圖形換顏色↓放大↓縮小↓旋轉↓變材質↓敲一下三角鐵發出清脆的聲音。幾何圖形想像很適合用來暖身，只要幾秒鐘的暖身想像，即可快速進入你想要出現的願景畫面。

另外，「假如遊戲」（If Game）也能幫助你想像已實現的模樣、生活與感覺。

假如我是影響力人物、總經理、我是老爸的老爸？假如我的收入比現在多十倍？假如我遇到阿拉丁神燈巨人，請許一個肯定會實現的願望？神燈巨人會把你變成怎麼樣？生活又變得怎麼樣？

看過電影《藥命效應》（*Limitless*）嗎？男主角嗑了NZT新藥，這藥能開發人腦尚未利用的區域，激發潛能，不管做什麼都一定會成功！假如你跟男主角一樣嗑了同樣的藥，只要想什麼都可以立即實現的話，你會想要做什麼呢？

5. 多用正向字眼：「我決定、我很高興有、我喜歡、我樂於看到、我相信。」

《當幸福來敲門》電影中，男主角克里斯多佛．加德納（Chris Gardner）對他的小孩說：「別讓任何人告訴你你成不了才，即使是我也不行，知道嗎？」

少用消極否定的語詞，如：「我想、我準備、不會、不行、八成、大概」，請改用「我一定、絕對、我辦得到、做得到、順利」。

「我不想再變胖、我想減肥、我準備開始運動與節食」，這些字眼聽起來是不是有點心虛（只是準備，不是馬上）、不相信自己一定做得到、還沒有下定決心的感覺。所以我們來改幾個字就好，「我一定會順利瘦身，明年情人節我一定能……」。

6. 加入激勵的語氣詞：

我曾受邀到不動產仲介商對一群超級業務員進行財稅專題演講，赴約的早晨，一到他們的辦公室門口，迎面而來的是公司總經理對著我擊掌，並大聲開口說「賀成交」，裡頭的每個業務員也都互相找同事做相同的動作加上激勵口號。原來，吶喊「賀成交」是這群超業們每週一早上的重要活動。

那麼，你的人生激勵語詞是什麼？

「Yes! No Problem! Home Run! 爽快！一定行！勝！鬥志！我真幸運！好運到！」加入激勵語氣詞有助於提升信心，對正要做的事情也會充滿元氣。有時候單純的邊走邊默喊ＹＥＳ！就會令人精神氣爽。

下次在電視上看到棒球比賽中球員擊出全壘打時，也立即想像跟著打擊者一起喊聲ＹＥＳ！想像自己身形健美的甩掉球棒，奔向本壘，奔跑的過程中想像自己的短中長期階段目標，在用力踩壘包時一一實現自己越來越苗條的目標。

最後，千萬別忘了在願景單上加入「目標數字」——你準備重複想像或重

重複的力量

複行動的次數，這是我的重複想像最與眾不同的地方，也是你旗開得勝的關鍵數字。

不用一次就到位

一張好的願景單具備以上六項要素當然是最好，不過多數人皆無法一次就全部到位，但千萬不要因為這樣就延後開始。還記得第四章的蜈蚣鞋子沒全部穿好，還是能買到菸的故事嗎？

隨著重複次數的增加，我們原本不夠具體、自我矛盾、懷疑的心靈會逐漸有細微的變化。這個轉變有時會非常細微，有時會有突破性的成長，當你的願景寫的越來越清楚，越能感到置身其中，到時再來修改你的願景單，持續重複計數下去，直到成功為止。

願景要向誰下單？你的偶像

法國電影《給未來的我》（*L'Age de Raison*）中，由大明星蘇菲瑪索（Sophie Marceau）飾演女強人瑪格蕾，在電影中有一幕競爭對手來挑釁，蘇菲瑪索偷偷的用手微微打開桌屜，瞄著裡頭的英國前首相鐵娘子柴契爾夫人的圖片，便充滿信心的回應挑戰。原來，她的桌屜裡放了許多偶像剪報圖片，全部都是各行各業成功女性的代表，除了柴契爾夫人，還有政治領袖翁山蘇姬、德蕾莎修女、聖女貞德、瑪麗蓮夢露、奧黛麗赫本、女科學家居禮夫人，每次面對挑戰、壓力或快要信心崩潰時，女主角總是會在心中挑個偶像，默想自己具有偶像一樣的風範，藉此提振信心面對挑戰。

你也可以練習向偶像下單，就像前面的女強人瑪格蕾默想自己的偶像一樣，想像典範人物陪你一起追尋夢想，將不再感到孤單。

- 向蘋果電腦創辦人賈伯斯下單，畫個右邊缺口的蘋果（假如你想要開一間科技公司）。

- 向空中英語創辦人彭蒙惠老師下單，畫個Q版彭蒙惠老師（假如你要學好英文）。
- 向人際溝通專家黑幼龍老師下單（假如你希望改善辦公室的人際關係）。
- 向〇〇七詹姆士·龐德下單（假如你希望超有魅力，開一部好車）。
- 向宅男女神安心亞下單（假如你希望自己也有超火辣的身材，吸引男性目光）。

跟大自然的神奇能量下單

有一次晚上，我獨自走在回家的路上，走著走著，便拿起計數器開始許願，經過視覺無礙的路段，抬頭觀賞夜空，有顆星星特別耀眼，也許是北極星吧！突然靈機一動，試試邊散步邊看著星星計數，便對著最亮的那顆星星想像，感覺特別強烈，才計數不到十下，興奮湧入心頭，感覺好事將近。

往後，我只要去海邊都會看著海浪高低起伏，對著大海喊出自己的願望，到森林裡找棵大神木抱著它吸收幾百年的日月精華，到墾丁看出火，就對著從地底冒出的火光許願，由於大自然的影響力神奇，便會按許願計數器一百下，向神奇的大自然下單！

下次出門遠遊時，你也可以試試對著神木、巨石、山峰、瀑布或是大海的彼端想像計數，向大自然下單。

跟未來的自己下單

前面提到的電影《給未來的我》，是一部關於重新找回自我的電影，女主角瑪格蕾在四十歲生日當天收到一個來自老家的舊包裹，原來寄件人是童年

重複的力量

的自己，信裡載滿著稚嫩而青澀的字，卻懷抱著偌大的夢想。

原來小瑪格蕾在七歲時，拿著自己所有的儲蓄和一個包裹，委託公證人在自己四十歲生日時將信件寄給長大後的自己，年輕的公證人受到感動，依約在三十三年後執行小女孩的委託。信中寫著：

「親愛的，今天是你四十歲的生日，特別寫封信祝福你，也提醒你不要忘記曾說過的承諾和夢想。」

七歲時的瑪格蕾敬上

這一個熱情又可愛的包裹，引領四十歲的瑪格蕾開始回憶起小時候曾對未來充滿的理想，在掙扎、混亂的探索自我過程中，逐漸做回真正的自己。

七歲寫信給未來四十歲的自己，其實就是向未來的自己下單。我們可以在願景單寫下對自己未來的期許，「成為醫生、麵包師傅、找到心愛的白馬王子」。然後在重複想像計數時，想像自己未來的樣子。

寫日記有助恢復信心

有一次我在工作上遇到瓶頸，情緒低落了一陣子，後來看了自己在幾個月前寫下的心路歷程，感動油然而生，頓時信心恢復八成。所以寫日記還有一個好處，當情緒不穩缺乏信心時，看看自己之前留下的文章，會讓你恢復信心！把「寫日記」這習慣也拿來重複計數吧，將很有幫助。

那些你認為很難的事，他怎麼辦到？

減重計數，讓我的衣服小一號

明慧一直想要減重，雖然知道減重最重要的就是控制飲食及運動，然而，因為愛看連續劇，一旦坐下來就好像被沙發黏住，不想站起來運動，更糟的是，看電視非常適合吃零食，邊吃邊看；明慧嘴上叨念了好幾年「我不能再胖下去了」，但終究半途而廢，苗條身材終成泡影。看來明慧需要更有效的瘦身策略。

二〇一一年八月廿二日，明慧寫下她的願景單「半年內衣服穿小一號，大家都說我變美了！」重複想像自己運動中神清氣爽苗條的模樣，目標次數一千次。每次有想像就重複計數一次，每累積一百次就從事一樣運動，散步、健走、甩手功、桌球、排球、瑜珈、游泳等，運動比例至少一％。

到了重複想像第一百次，明慧陪孩子去上暑期游泳課，看到好多年長的阿公阿嬤在水中依舊活力十足，想想自己為何不現在就開始運動，於是她也跟著小孩跳下去游泳了。

到了重複想像第一八〇次，她開始早起運動健走，到第二七〇次時，鄰居找她一起去上瑜珈課，她就跟著去了，每週就又多了一次運動計數機會，真讚！算一算，目前重複想像已經累積三百五十次，實際運動達七次，約等於二%的行動比例，到目前為止的行動表現很優！

在第八〇二次時，明慧發現自己的行為產生很大的轉變。當天外面下大雨，溼答答的，讓人不想出門，但為了達到先前維持二%的行動比例，明慧決定在室內慢跑。（以前她會選擇在家看電視。）

隔年一月十五日，前天晚上的重複想像計數來到九九九次，明慧從床底下的舊衣箱中拿出好幾年前的衣服穿穿看，沒想到竟然套進去了，她興奮得手足舞蹈，拿起計數器但沒有按下，故意留個「一」次，隔天週日，鄭重的按下第一千次，目標完成，同時行動運動計數已累積了約六十次，中午請全家到義式美食餐廳慶祝一番。

現在是二〇一二年六月底，明慧重複想像自己苗條美麗的身影共一六六〇次，實際運動至少一一〇次，行動比例六．六%，成功減重八公斤。雖然要買新衣服了，不過她刷卡刷得很心安。

明慧這八個多月的轉變，從一開始的抗拒，漸漸享受運動的樂趣，從被動到後來積極主動，行動比例從二%變成三%，最後高達六%，重複計數法讓她成功瘦身，更養成定期運動的好習慣。

那些你認為很難的事，他怎麼辦到？

吶喊計數，我晉升主管了

姵君是保險業務員，外貌一般般，業績也一般般，而且她不認為工作該是生命的全部，所以除了上班之外，她寧可多花一點時間陪家人，充實自己，到處旅遊，照顧好自己健康……。講白的一點，她就是那種沒有什麼企圖心的業務員。

有一天姵君告訴我：「最近因為年紀大了，開始想要爭取升為主管，但恐怕很難做到。因為除了要在一定時間內有大量穩定的業績外，還得要有帶人的能力，部屬也要達到該有的業績目標才行。」

後來，我跟她分享了「重複計數法」，請她回去試試看，把願望重複想像到某個大數就好，不一定要每天，只要重複。

於是姵君寫下她的目標：「我要晉升成為主管」，想像畫面是自己晉升成為主管、帶領團隊開會的樣子。

第二、重複想像計數：目標為一萬次。

第三、行動一%：每想像一百次就實際打電話或拜訪客戶、增員面談至少一次；打電話計行動一次，親自拜訪客戶與增員面談皆算二次。

階段獎勵：每想像一千次就給自己一次小獎勵，得到業績也算一次獎勵，增員活動也算一次。

前面的一千次想像，姵君很有衝勁也很有自信，確切的落實行動一%，

重複的力量

不斷打電話安排客戶拜訪與增員面談。但是到了三千次，姵君開始感受到挫折與壓力，因為有些事情不是她單方面可以決定，特別是找人這件事。

此時我建議姵君把原來的願景「我要晉升為主管」加上「我這麼棒，一定可以當主管的」的激勵語詞，這是從曾獲得金氏世界紀錄最偉大銷售員喬吉拉德（Joe Girard）身上學來的，喬吉拉德會想盡辦法每天燃起自己的熱情，吶喊著「我是最棒的、我覺得好極了、我是第一名、我喜歡你」。姵君說加念這些激勵語助詞之後，明顯可以消除緊張的情緒。

當數字來到五千次，姵君覺得，每天回想自己曾有的成功經驗（例如大學時的社團活動）也非常有幫助，因為過去的成功經驗不斷提醒她，只要是真心想完成的事情，一定可以做到，這讓姵君相信，自己不是「不能」而是「不為」。

當重複想像數字來到八千時，姵君的人力招募工作開始有了進展，許多年輕的優秀人才終於決定加入她的團隊，大家一起努力打拚，這讓姵君變得更有衝勁也更有信心，感覺離目標已經不遠了。

當數字來到九千時，姵君在業績上卻遇到瓶頸，雖然只差一點點了，但是這一點點就是很難跨越。就在這個時候，姵君的團隊傳來了加油打氣的簡訊，讓姵君決定豁出去了。心裡想著：「我已經想像九千次了，我一定要相信自己，不管了！做了再說！」

最後姵君真的完成重複想像一萬次，實際面談成員、拜訪客戶等行動超過一百次（行動比例超過一％），並在時間內完成了她的目標「晉升成為主管」！

姵君說：「一萬次的想像讓我把心的力量真的喚起來了，也把好運吸進來了。感謝這一萬次的想像，讓我順利達成目標。」

重複的力量

重複為什麼這麼有力量

當你只聽到一個點子，達成目標的機率是百分之一〇％；當你決定要去做，成功機率是二〇％；當你決定要如何做，機率提升至五〇％；如果你告訴別人你要去做，機率是六五％；當你設定時間、向那個知道你要去做的人回報進度，成功機率就飆高到九五％。

——麥可．邦吉．史戴尼爾（Michael Bungay Stanier）
《讓工作自由》（*Do More Great Work*）

第七章

追求大數的魔力

想要成功，你對成功的渴望必須要遠大於你對失敗的恐懼。請問你有多渴望？如何形容你的渴望？最好的方法就是數字化。為了出版這本書，我已經重複想像六千次了，你呢？

重複的力量

人很喜歡幫別人打分數，也喜歡為自己爭取高分，學業成績、運動競技、收入儲蓄、企業獲利、股票價格，甚至是電玩迷最在乎的天幣（天堂online）多寡以及破關數，數字總是越大越好。

現在是中原標準時間晚上十一點五八分，正在寫這本書的我，其實眼皮很想闔上，看著MS Office Word裡的字數統計為三九二八五，這個數字剛好接近四萬整數關卡，雖然還要再多寫七一五個字，要不要再撐一下，好吧！一鼓作氣，非得撐到四萬字才肯罷手，這就是想要看到大數的慾望，準備達陣的感覺。

在重複計數的過程中，當你看到數字逐漸累積，數量越來越大，根據「吸引力法則」的原理，你會覺得自己的能量日趨茁壯；接下來，我們將所累計的大數寫入願景單並大聲宣讀自己的目標時，你的心將澎拜洶湧，如此強烈的美好感受，將振盪出極為強大的吸引力。

好幾年前台灣很流行計步器，為了健康，醫師鼓勵大家應該經常運動，那麼每天該走幾步才能達到足夠的運動量？醫師指點了我們一盞明燈：「每天健走一萬步，病痛遠離我」，聽到了一個明確的數字一萬步，我們便有了方向可遵循。

我們可以先將目標設定在一千，為了健康，強迫自己至少要健走一千步，因為心裡清楚知道只要累計到某個數字，就會有動力完成目標，「只要看到計步器螢幕上的數字到了一千，我就可以讓雙腳休息了」；有了幾次輕易到達一千步的成就感，便能逐漸將目標往上提高。

同樣的，在前述的「寫下願景單」及「行動一％」中，建議你設定一個重複計數的目標大數字，以及非常明確的百分比，這個大數字可以是你自己所喜愛、對你來說有意義的數字，或是可以參考其他人所分享推薦的數字，這個數字必須很明確，容易遵循，所以能持續重複計數，累積能量。

數字是獲得幸福的工具

日本知名會計師安本隆晴（Takaharu Yasumoto）的著作《用數字力創造十倍工作力》，體認到數字是「獲得幸福的工具」，數字是「只要行動就有結果」，凡事數據化，磨練「計數感覺」，利用「每秒鐘薪資」，看出自我能力的價值。

知名作家村上春樹在《聽風的歌》中更寫到：

「我養成一種奇妙的怪癖，就是一切事物非要換算成數值不可，一上電車就先開始算乘客的人數，算階梯的級數，只要一閒下來便數著脈搏，所以根據當時的記錄，一九六九年八月十五日到次年四月三十日為止的期間內，我一共去上了三五八節課，做愛五十四次，抽了六九二一根香菸。」

生活中到處充滿著數字，有哪一天沒有數字出沒？數字深深影響著我們的世界，統御了人類的一切，想要在生活中拒絕數字出現，幾乎是緣木求魚，既然數字的影響力如此龐大，我們何不順勢而為，駕著數字馬車朝目標前進。以下是我推薦給大家的重複計數的目標數字（夢想數），你可以參考看看。

一、最有魔力的數字：整數

一百、三百、五百、八百、一千、三千、五千、六千、八千、一萬、三萬、五萬，**過了整數關卡，你的人生考驗也就過關了。**

二、諧音數字

九九九（幸福久久、快樂久久、健康久久）；五二〇（我愛你）；一三一四（一生一世）；九二四〇（最愛是你）；一六八（一路發）；

五八八八（我發發發）；四四六一（事事如意）。

三、神祕數字

• 黃金數（Golden number）六一八、一六一八：人的身體與黃金比例〇．六一八有著密切的相關，根據科學家的研究，當外界環境溫度為人體溫度的〇．六一八倍時，人們會感到最舒服；義大利藝術家兼發明家達文西（Leonardo da Vinci）認為，人的肚臍位於身長的〇．六一八處是最美麗的。在我們的生活中，黃金數及黃金分割無所不在，許多極美的建築物、藝術作品，甚至是日常用品都是有意無意的運用了黃金比例來創造與設計的。你也可以**用完美的黃金數來達成目標！**

黃金數可以是六一八、一六一八、六一八〇、一六一八〇、六一八〇〇、一六一八〇〇。

• 圓周率（3.1416）：圓周率（π）即是圓周除以直徑的比率，它是個無窮無盡的奇妙數字。把兩個大象腳掌的直徑加起來，再乘上圓周率，即等於大象腳底到肩膀的高度。英國天體物理學家曾經研究英國境內巴伯里（Barbury）城堡附近的麥田圈，發現此五十米大的麥田圈裡隱藏著圓周率密碼，也許麥田裡這個怪圈圈的創造者是個熱愛圓周率的數學家和天文學家。**讓神奇的圓周率替我們圓夢！**我們的目標數字可以是三一四、一四一六、三一四一、三一四一六、二〇〇〇〇、六二八三二（註：3.1416＝62832÷20000）

●完全數（6、28、496、8128）：完全數又稱完美數，其所有的真因子的和，恰好等於自己本身。說到完全數六及二十八，有些宗教認為上帝利用六天的時間創造了世界萬物，而月亮繞行地球一圈的時間接近二十八天（正確為二七．三天），六與二十八這兩個數字間似乎有著獨特的關係。**趕快利用完全數成就你完美的人生！**

四、時間數：為何一年十二個月、一天二十四小時、一小時有六〇分鐘？古代蘇美人採六進位，以六十為基底的進位制，六十雖比一百小但卻有更多的因數（可以被更多不同的數字整除）。所以六十、一二〇、二四〇、三六〇、六〇〇、七二〇、一二〇〇、三六〇〇、六〇〇〇，都是重複計數不錯的數字選擇。

五、跟偶像相關的數字：目標數字（夢想數）也可以是你所欣賞人物（偉人）的出生年份、年月日、成就年代，或是有意義的歷史年代。

至聖先師孔子生於前五五一年九月二十八日。班傑明．富蘭克林（Benjamin Franklin）於一七〇六年誕生，是美國建國元勳，同時也是著名的政治家、外交家、發明家、印刷商及慈善家。被譽為世界上最偉大的發明家愛迪生出生於一八四七年。一九〇五那年對發明家愛因斯坦（Albert Einstein）而言是神奇的一年，那年他二十六歲，發表了四篇偉大的論文，創立了相對論，並獲得博士學位，也促使他得到諾貝爾獎。**請選一個偉人數字，他是我們的標竿大數！**

六、劃時代的數字：一九六九年七月人類成功登陸月球。世界上第一台電子電腦（Atanasoff-Berry Computer，簡稱ABC）在一九三七年至一九四一年間開發成功。細胞（Cells）是由英國科學家羅伯特・虎克（Robert Hooke）於一六六五年發現的。美國獨立紀念日《獨立宣言》（Declaration of Independence）是一七七六年七月四日。**劃時代的數字成就劃時代的你！**

七、屬於你自己的幸運數字：自己的出生年份、年月日、身分證字號某幾碼、學號、員工代碼、運氣最好的年代、曾經表現良好的年月（例如：放榜日期、升遷日期）、當下決定要完成夢想的日期、結婚紀念日、答應求婚的日子、喬遷之日、寶貝的生日、爸媽的生日、買過最賺錢的股票代碼、中過

重複的力量

樂透或統一發票的號碼、提款卡密碼……。**你的夢想就用你的數字來實現！**

八、決定性的多數：詹姆士．雷德菲（James Redfield）著名小說《聖境預言書》（*The Celestine Prophecy*）中，充滿了東方哲學和新紀元運動的心理學及靈性的觀點，全篇故事透過一部在祕魯的古老手稿，提出了人類將會有的九個覺悟。手稿的第一個覺悟預言在二十世紀的六〇年代，覺醒的人類會急速增加，這種成長會持續到二十一世紀初，到了那個時候，這些人就會達到一定的數量，這個數量可以叫做「決定性的多數」（Critical Mass）。

這個決定性的多數會對現代的人生提出嚴正的質疑，我們就會開始尋找答案。然後，我們就會達成其他的覺悟……一個接著一個。

每個人都必須找到你自己的決定性多數，當重複計數達到那個數字時將啟動你的蛻變，可能是令你開始感到強烈信心的數字，數字一到，啟動蛻變，我們就會開始尋找達成目標的方法，然後，我們就會想要更多的成功……一個接著一個。

我的決定性多數是六〇〇〇！你的呢？

追求大數的慾望

請拿出三張紙，想一件最近想購買的產品，最好是低價品或是消耗品，例如衛生紙或電池，到超市挑選三種不常聽到的品牌，喜好程度儘量接近。

1. 在第一張紙上寫下「我想買A牌產品，我想買想了一次」，並大聲念出一次。
2. 在第二張紙上寫下「我想買B牌產品，我想買想了十次」，並大聲念出十次。
3. 在第三張紙上寫下「我想買C牌產品，我想買想了一百次」，並在心裡默念或默想一百次。

三天後你再去採買（也可以馬上去買），買完回家後，拿出當初那三張紙，對照一下你手上的產品品牌名稱，回想選購時，你腦中浮現的第一個產品品牌名稱是什麼？有沒有數字？回想及看到三樣產品的感受有沒有不一樣？看到C牌產品時有沒有特別強烈的感覺？

心裡有「數」，就容易遵循

心理學家常建議我們要持續做一件事情直到讓它變成習慣，困難的是，這本身需要很強的意志力，無窮無盡的想同一件事會令我們心生厭煩、不易持續，但如果我們**改成訂下一個目標數字，同一件事做幾次，而非做多久**，不管是心理上還是身體上，累積數字將會容易許多，當行為次數到達目標數字後，自然而然的就會成為習慣。

所以請持續重複想像，每天想像你所設立的夢想，直到達到某個目標大數（夢想數），然後請立即獎勵自己。該停在哪個數字？就是自己喜愛的大數！

數字代表你的渴望

如果你有實實在在的重複計數，大的數字代表你對同一願望許下的次數，也就是向夢想下單的訂單數量。試想，當你看到自己已經許下了一千次，甚至更多次數的願望，心裡的感受會如何？經過我自己及親朋好友的親身實驗，至少會強化自信心；運用在改變與學習上，當重複想像達上百、上千次，要改變習慣真的變得很簡單。

目標數字（夢想數）到底要多少呢？且「大數」真的是越大越好嗎？非也，大數指的是相對於零而言，後來逐漸累積增加的數字，選一個讓自己有感覺、對自己有意義的數字來當作目標，就像知名文學作家張曼娟於《剛剛好》一書裡的優美文辭：「不遲也不早，不多也不少，剛剛好，遇見最美好！」實踐夢想的目標數字不用很大，不多也不少，只要你喜歡就是剛剛好，遇見夢想成真最美好！

當你選定了某目標大數後，心裡便會自然而然的記住此數字，又由於人們會對大數有某種莫名的慾望，當數字還很小時，便會想要趕快看到自己所選定的大數字，就好像喜愛電玩遊戲的朋友總是想辦法快點破關，直搗魔王，亦如金融市場的投資人總喜歡股價K線圖趕快往上衝，最好是立即衝上萬點。

當到達所選定的大數時，你會有達陣的感覺，心裡會告訴自己：我會成功的！就好像考生拿到考卷、看到自己得到高分的滿足感、喜悅感以及成就感。

數字也是避免犯錯的警戒

其實，數字不僅可以幫助你達成目標，也能成為你避免犯錯、亂花錢的警戒線。

台灣知名旅遊節目主持人謝怡芬（Janet），她對付隨意亂花費的方法就是，只要超過一百美元的商品，她就會很慎重的再三考慮。因為她常到國外拍外景或旅遊，特別容易過度消費，而且當幣別不同時，更容易產生物價上的錯覺。於是她每到一個國家會預先換算當地匯率，以一百美元為標準，在台灣大約是新台幣三千元，在歐洲地區則約八十歐元。只要東西超過這個數字就一定仔細考慮。

像謝怡芬一樣設立整數關卡警戒線的觀念其實很簡單，但並不容易做到，所以你可以利用重複計數法，對潛意識下功夫，先訂出屬於自己的整數關卡，例如一千元，重複想像一千次：

把自己置身在熱鬧的購物場景，在拿出皮包的那一刻，從天上掉下一個大大的數字「一千」，數字周遭環繞著三個色彩鮮豔的大問號，各代表「為何要買、需要還是想要、有沒有替代品」。每想像一百次，記得自我獎勵一次，加深潛意識的接受度。

我的購物警戒線：超過———元整數關卡立即問自己為何要買。

那些你認為很難的事，他怎麼辦到？

重複計數，讓我多說讚美話

復華夫妻倆曾一起參加卡內基訓練，卡內基的金科玉律第一條為「不批評、不責備、不抱怨」，雖然這些信條不時在復華心中提醒，要注意自身言行，但在生活中實在好難做到！

偏偏復華的另一半很喜歡下班後看連續劇，為了心情的放空，但他認為這實在很浪費時間，有時甚至會影響睡眠與生活品質，以至於常念太太：「不要看那沒營養又浪費時間的電視」，雖說復華本是好意，但語氣很差，所以太太聽起來總是不開心，所以夫妻經常吵架。復華因此想改掉老是批評責備老婆的毛病，於是決定試試看重複計數法。

二〇一一年一月十二日，復華開始用計數器重複想像。目標是「對老婆不批評、不責備、不抱怨」。然後，重複想像計數，想像正在鼓勵與讚美老婆，之後老婆就給予愛的抱抱與親親……。每重複想像一百次，就要真的讚美對方一次（行動一％）。

某天下班前復華按到了三三六這數字，晚上行動計數一次，對老婆讚美了一番。沒想到老婆又窩在沙發看連續劇，那一瞬間復華突然想大罵：「不要再看電視了，很浪費時間耶」，但想到重複計數，於是就改用溫柔的語氣對她說：「老婆，別再看了，我們一起聊聊吧！」沒想到老婆真的馬上關掉電視，讓他感覺太神奇了。

重複的力量

幾個禮拜後的某一天晚上，老婆與人有約之後，要復華去接她回家，沒想到老婆記錯地址，讓他多繞了好幾條路才找到她，再加上開車出門時又撞到停車場的柱子，讓復華整個人真是超級不爽，當老婆一上車時他就想開罵，不過由於前陣子的重複想像上千次，潛意識裡已經告訴自己要對她多鼓勵與讚美，所以復華還是忍住了，晚上睡覺前就再把計數器拿出來，結果奇妙的事情發生了，按著按著復華居然睡著了，沒有對老婆發脾氣。

現在雖然老婆的一些生活習慣還是讓復華很不滿，沐浴乳用完沒有把蓋子蓋上，洗面乳用完沒放回原位……但現在復華居然不再碎碎念了，有時還會親手將東西放回原位，重複計數法讓他徹底改變了對待老婆的態度，讓彼此的關係更好。

這幾個月，復華一共重複想像讚美妻子二千次，實際上對另一半共說了至少四十次「老婆辛苦妳了、我愛妳」等鼓勵親暱的話，行動比例超過二％。透過重複多次的想像，復華開始發掘對方的優點與可愛之處，而不是一直怪罪他人，重複多次這樣想，使他的潛意識裡能夠時時提醒自己，要與老婆過著幸福快樂的生活。

那些你認為很難的事，他怎麼辦到？

重複想像，讓我賺到第一桶金

辛蒂是個聰明美麗的女生，想要在最短時間存下人生的第一桶金，於是我建議她採用重複想像計數法來達成。

我先問了她三個問題：「妳的明確目標是多少錢？」（她沒想過這問題），「這些錢要拿來做什麼？」（沒想要買任何東西），「達成目標的時間？」（這也沒想過）。

重複的力量

後來辛蒂決定清楚寫下自己的「願景」：要存到第一桶金五百萬，並利用錢滾錢的方式，在兩年內擁有屬於自己的房子。

第二步，利用重複行動計數法，每想像一百次就採取行動，例如固定看財經網站，每週末看一本財經書籍。並利用職務之便刻意接觸並請教很多成功財經人士、金融商品界的權威頂尖專家，有回有位專家向她分析了國際經濟情勢，預言了未來油價及黃金會上漲，辛蒂聽了專家的建議，決定投資黃金。在規畫好資產配置後，將儲蓄提撥六成投資了黃金，其他的仍保留安全的低風險型的金融商品。

當黃金跌到接近七百美元時，辛蒂依照計畫大量買進，並在投資的過程中持續記帳並定期追蹤績效（這也算在行動計數中），黃金當中三成資金的部位做短期的波段操作，並嚴守停損與停利，還會找尋同伴互相激勵與分享，後來黃金漲到一千美元時，她決定全部賣出，獲利了結，開心的賺到人生的第一大桶金。

辛蒂說，重複想像的力量讓她信心大增，把原本不可能的事化為可能，也有更清楚的努力目標，並透過重複持續的記帳、追蹤與停損停利，終於夢想成真。這套「重複想像計數法」用在理財上真是有效，大家一起加油吧！

重複為什麼這麼有力量

「你要求的次數越多，你就越容易得到你要的東西，而且連帶地也會得到更多樂趣。」

——《心靈雞湯》作者傑克．坎菲爾&馬克．韓森（Jack Canfield & Mark Victor Hansen）

附錄
重複的力量幫你成功理財

在前面幾個章節裡，我用很多理論與實證告訴你，重複可以提升信心、養成習慣、達成目標，最後熟能生巧變專業；如果我們把重複這套方法運用在理財上，重複想像理財目標，讓心法內化為潛意識，重複練習停損停利方法，使其變成機械化的操作模式，就能跳開非理性情感的陷阱（恐懼與貪婪），讓你在關鍵時刻，做出對的決策，熟能生巧也能生財。

我曾在一本書中讀到這個故事，一位老師對全班說，每個英文單字只要默念一百遍，這個單字就永遠屬於你，想忘也忘不了了。說完之後，鄰座的同學每天來上學就念念有詞。大家以為他是在熟背單字，但後來發現他念的是：「我要一百元、我要一百元。」因為他深信不疑地認為：「老師說念久了，就永遠屬於我了。我現在需要一百元買漫畫。」

別把這當作笑話，也千萬別笑這位同學是蠢蛋。

重複想像自己變有錢的模樣

被《今日美國》（*USA Today*）譽為女性理財權威的蘇西．歐曼（Suze Orman）也是這樣的人，她常常重複念寫所要達到的目標，每天在紙上寫下：「我年輕、有能力、工作有成，每個月至少賺一萬美元」。她一天至少寫二十五次，照鏡子的時候就對自己這麼說，搭電梯時也這麼想。

澳洲理財規畫大師，安盛集團（AXA）策略長艾倫．阿貝（Arun Abey）曾教人一項有關理財目標的思考練習。他要讀者想像五年、十年及二十年後的樣子，先從二十年後開始，想像那會是怎麼樣的生活，再拉近到十年後，你正在做哪些事幫助實現美好的生活？會如何規畫以實現目標？重複同樣的練習，直到可以將心目中的美好生活分割成較容易達成的階段。練習到最後，就可以整理出可行的計畫並實現自己想望的生活。

現在就請寫下你想變有錢的願景，開始重複想像計數至少一千次，並記得同步至少一%的行動及階段獎勵。

我在第四章曾介紹，可以利用拼圖的方法來重複想像計數，此法也很適合用來實現理財目標。例如，拼圖上的畫面就是你夢想中的房子，你可以自己畫，也可以剪貼報章DM來拼湊成一張圖，拼圖片數等於達成這項理財目標所需準備的資金，例如購屋頭期款三百萬，那就製作一張三百片的拼圖吧！每一片拼圖即代表你已存入一萬元的購屋基金，當拼完這三百片拼圖，你的美屋夢想也拼成了。

停損停利的重複練習

有個知名投顧業副總曾跟我說，根據他幾十年的經驗，攤開大盤歷史指數線圖，在高低點之間約略分成三等份，畫上三條線，當指數來到最下面那條線就開始擇好股買進，往下就陸續再買；當指數來到最上面那條線，就開始慢慢賣掉手上持股，越往上就賣越多，這比每天進進出出的投資績效好很多，而且很輕鬆。

這說起來很簡單，但一般人就是做不到，平常不僅喜歡短期進出，甚至相反操作，高點時不斷搶進，崩盤時卻瘋狂賣出，為什麼這麼簡單的「停損停利」，你就是做不到？因為大多數投資人都是憑著直覺與衝動投資理財，往往跟著消息跑，追高殺低，明知停損很重要，大跌還是捨不得賣，甚至想要加碼攤平，最後落得住總統套房的下場。風雨過後，股市已經跌得夠低了，身上反而沒有足夠的子彈拿來好好的進場投資。但這是人性，高興時會往更好方面想，沮喪時就會看壞一切，很難抗拒。

但這真的不可能克服嗎？當然可能，股市裡還是有很多人做得到，因為他們重複的練習。

多年前我曾迷上期貨市場，期貨真是一種讓人又愛又恨的東西。我曾在一個晚上用歐元期貨獲利數倍，也遇過日本凍橘汁期貨的慘賠，儘管我根據商品的價格循環理論，判斷凍橘汁已經跌到十幾年來的低點，但仍因為沒有嚴格執行停損，最後慘賠。

有了這個慘痛的教訓，我開始運用重複計數法，強迫自己先從小金額練習，只要漲超過買進價格的五％就獲利了結，不管外界如何評論未來的走勢，而跌價超過買進價格的三％，就立即停損賣掉。這樣停損停利各實際操作十次。之後，我再練習把停損停利點往上調高到停利一〇％，停損五％，每完成十次就自我獎勵一次。

剛開始的頻繁停損停利，使我的報酬率並不佳，但這不是重點，重要的是我透過重複練習操作，確實去感受自己的風險承受度，並克服人性弱點，讓這不符合人性的停損停利成為我的投資慣性，如此機械化、系統化的操作，能避免我將來產生更大的錯誤決策。

重複記帳，專款專用

身為會計師，我認識很多的企業家夫人，她們都很精打細算，而且都有一個非常好的習慣，那就是記帳。不管是家庭理財，還是投資理財，他們都會記帳，清楚記錄每一筆家庭支出、每一支股票或基金的買進賣出結餘的價格及數量，詳細得就跟企業的財務報表一樣。難怪這些夫人可以幫助先生的事業做得那麼成功。

我每次在幫一些年輕人做財務規畫時常會問：「誰有記帳的習慣？」，人數總是少得可憐。為什麼你無法持續記帳？因為你覺得天天記流水帳很無聊。想想看，我們是如何記帳的？牛奶一瓶三十元……便當一個一百元，然後沒有系統的列出支出類別，這麼複雜冗長的流水記帳方式，難怪很多人決定放棄。

問題是記帳真的很重要，可以清楚知道我們資金的流向，只要記一段時間，就會培養出隨時掌握財富的感覺。所以你需要一種簡單易行的記帳方法：「圓子夢記帳法」，利用重複行動計數來記帳。只要簡易三步驟，就可以達到理想的財富目標，不用再每天記錄多如牛毛的帳目，利用每月初的小動作及善用銀行帳戶就能達成。

圓子夢記帳法則一：一目的一帳戶

有幾種支出類別就開幾個戶頭。讓銀行自動幫你記帳！先思考金錢支用目的及建立目的帳戶，為每個生活支出目的各自獨立出一個銀行帳戶，帳戶之間彼此分開、獨立，各目的帳戶存入、提款、餘額皆清清楚楚，哪一種花費用途就從哪個目的帳戶領用，若緊急借用也要詳實記載，待下次收入存入時互相找補歸還。多開幾個帳戶可能會有一點麻煩，還好現在拜網路科技發達之賜，同一家銀行多個帳戶，可在網路上輕易列出清單，並互相轉帳。

目的帳戶要很多嗎？不用，一切簡化，但建議每個人應該擁有以下帳戶：生活、投資、成長、貢獻、爽快、圓夢A（如房子）、圓夢B（留學）。

生活、成長、貢獻、爽快帳戶通常是銀行帳戶，方便輕鬆領錢花用；而投資及圓夢帳戶會是一項數字，由許多資產組合，可能由活期存款、定期存款、基金、股票、債券、期貨、選擇權、跟會、儲蓄保險、投資型保單，甚至是投資用不動產等所組合而成。

由於投資帳戶原則上是「只進不出」的，若是不想開設太多的帳戶，圓夢帳戶也可以與投資帳戶合併，透過報表表達分割出各自該有的數字。

圓子夢記帳法則二：分配比例

訂定各目的帳戶的存入比例，將收到的每一塊錢分配到各目的帳戶，你可以思考自己理想的生活方式，想一下每年各種支出準備花多少錢，各種支出佔年度總收入的比例各是多少，這些比例就是各目的帳戶在每次拿到收入，應該被存入的比例。（見下圖）

目的帳戶的分配比例分析表

目的帳戶	分配 $	分配%	夢想 $	%
生活帳戶	370	22	486	20
成長帳戶	185	11	170	7
爽快帳戶	84	5	292	12
貢獻	118	7	194	8
圓夢－房子	470	28	608	25
圓夢－留學	151	9	170	7
投資及退休帳戶	302	18	510	21
今年總收入	1,680	100	2,430	100

單位：千元

例如目前的家庭年收入為一百六十八萬（現況），未來的夢想年收入是兩百四十三萬，最近一年的實際年支出佔年收入比例，用在生活支出為三十七萬元，佔年收入二二％（現況），當未來達到夢想的年收入兩百四十三萬元時，年生活支出預計提升到四十八萬，佔年收入二〇％。

其他各項目的帳戶則依照各人不同的分配比例來執行。

不管是每月的固定薪水、租金收入，還是不定期的獎金、分紅、盈餘分配、財產交易利得、中獎等，請將所得到的資金依照各目的帳戶比例存入。

每個人的財務狀況不相同，每個人的理財價值觀也不相同，每個人想追求的夢想及願望大小更不相同，所以每個人的財富分配表（目的帳戶分配比例）也會不一樣。

圓子夢記帳法則三：專款專用

透過劃分不同目的帳戶，將每筆收入依照比例分配到各帳戶。花錢時，各目的帳戶有多少存款就花多少，正數代表還可再花多少錢，負數表示已經超支該節省了。

圓子夢記帳法有很多好處，讓我們清楚所有需求的財務狀況、花得安心、用得安心，當透支時立即有警訊；還能透過圓夢及投資帳戶強迫儲蓄，達成夢想。再來，由於每個目的帳戶都代表我們人生的一部分，就不會有為了夢想卻得犧牲人生其他需求，繳學費投資自己與偶爾奢華享受是可以兼得的，兼顧人生平衡。

圓子夢記帳法可以很輕易的作情境分析，評估自己是否想要某個願望，為了快點實現夢想，看著各目的帳戶的財務狀況，你會知道應該如何調整存入比例，透過試算模擬，可以假想調整後的狀況，例如各目的帳戶每月可支用的變化，進而能夠預先想像調整後不一樣的生活態樣。

這是一個明確又實用的方法，在經濟資源分配上會有哪些變化，得犧牲哪些享受、時間多久皆能夠約略估計，或者為了能夠兼顧最基本的生活品質，而來調整願望的大小，又或者模擬分析後，會發現自己的夢想根本就不難實現，只是以前不懂得財富分配及調節金錢流量的方法而已。

重複的力量

實際操作圓子夢記帳法時，每次收到錢就立即分配到各目的帳戶，請重複這個動作十二次（等於每月領薪水時就做一次），每做一次就給自己獎勵一下。過了不久，你就會發現自己居然愛上記帳這件事，而且人生的目標會越來越清楚，一邊記帳一邊圓夢。

後記
故事不會就此結束，而是更多開始

本書能夠如期出版，要感謝很多很多人。

首先要感謝無心插柳的阿美姨給了我一個念佛計數器，啟動我靈感的開頭。還要感謝黑幼龍老師給我莫大的鼓勵，一句「這個方法具有獨創性，很有意思，重複想像，美夢成真」是支持我繼續下去的動力，而且還給我一項重大的指引，要我去找更多的朋友來充實應用案例。

非心理學背景的我，在研究重複力量的過程中，也曾產生自我懷疑，感謝心理學博士李佳穎老師在桌球教室送我的一句話：「在心理學上，自我暗示是絕對有用的」，這大大消除我的困惑，讓我更有信心的支撐下去。

重複的力量

還要感謝好友美齡姐與欣諭姐的引薦，沒有你們的介紹，我絕對找不到那麼棒的出版社合作。為了這本書，我曾經投稿過十五家出版社，但都以失敗收場。但在不斷被退稿的過程中，我仍有所收穫。記得其中一家出版社編輯在原稿上面寫了這句話：「這段話說出很多人的心聲，只是頭尾連不起來」，這句話讓我發現自己文筆的缺點，進而調整文章順序並增添了不少有趣故事，經過數百次調整後，終於獲得大是文化出版社的青睞。

大是文化出版社在考慮是否要簽下我的書時，只問我一個問題：「給我一個可以感動人的故事？大家比較想知道你發生了什麼事……」，所以書中所述都是我親身的故事，而其中的案例則要感謝許多親朋好友分享珍貴的心路歷程，當然還要謝謝因為篇幅關係沒有放進書中的朋友們，有你們的親身試驗才得以讓本書的論證更加完整與扎實。當然，還要感謝每天聽我叨念重複計數原理及產品開發想法的家人與圓子夢團隊，在此一併鞠躬感激，人生有你們真好。

在寫書的兩年時間裡，我曾聽到很多人告訴我：「你又不是知名人士，沒有出版社會理你的……」。但我只是用重複計數的力量不斷消除自我懷疑，就算被出版社退稿，我還是鼓起勇氣繼續找下一家，直到遇到願意出書的伯樂。**這本書就是我重複想像累積數字達六千次的最佳實證！**

二〇一二年初我曾邀請地圖日記創辦人郭書齊，到我的小孩的學校演講，他告訴孩子們：「這個世界上的人只對成功有興趣，所以你要能夠耐得住低潮時的孤獨。」實現夢想不一定是一條直線，不一定會有立刻的回報，有時會有一長串的挫折與寂寞，有時甚至需要妥協或轉個彎，但在繞個幾圈後，最後還是能到達你的目的地。而在這過程中你如何撐過低潮的孤獨？唯有靠「重複想像」的力量！而我就是這樣一路走過來的。

讀完這本書，你我的故事不會就此結束，而是更多的開始，歡迎你來信告訴我，你是如何開始重複想像，又完成了什麼樣的夢想？讓我們一起分享更多有關重複的力量。（圓子夢官網詳見作者簡介。）

心想事成的重複計數法

		怎麼寫？
願景單	啟動	• 明確目標－5W1H • 階段目標－大分小 • 感官描述－畫面感覺 • 想像已實現－If Game • 正向積極－肯定句 • 激勵語氣詞－Yes （詳見第六章）
重複想像計數	加溫	• 重複目標數量 • 不用每天 • 階段獎勵 • 計數工具（詳見第四章）
行動1%（與想像計數同步）	實踐	• 行動比例＝行動次數／想像次數 • 從簡單小事著手 • 不管準備如何，馬上開始

1. 願景單：寫下目標，與自己簽約，你會不斷想起曾寫下的承諾。
2. 重複想像計數：累積龐大的心想數量，當數字逐漸累積，你內心想要成長與改變的能量就會日趨茁壯。
3. 行動1%：每想像一百次，就至少做一件相關的小事，只有1%真的很簡單，也容易開始，你將不再坐而言卻沒有起而行。

附錄：夢想百格

	1	2	3	4	5	6	7	8	9	10	行動
0											
1											
2											
3											
4											
5											
6											
7											
8											
9											

- 每重複想像計數1次（或10次）塗滿一格，每集滿10格行動1次，可用打勾、畫正字符號、塗色或戳洞來計數。
- 你可以在塗格子的時候，用不同的顏色或符號來代替你的心情，例如，感覺良好塗上紅色。

附錄：夢想百格

	1	2	3	4	5	6	7	8	9	10	行動
0											
1											
2											
3											
4											
5											
6											
7											
8											
9											

- 每重複想像計數1次（或10次）塗滿一格，每集滿10格行動1次，可用打勾、畫正字符號、塗色或戳洞來計數。
- 你可以在塗格子的時候，用不同的顏色或符號來代替你的心情，例如，感覺良好塗上紅色。

附錄：夢想百格

	1	2	3	4	5	6	7	8	9	10	行動
0											
1											
2											
3											
4											
5											
6											
7											
8											
9											

- 每重複想像計數1次（或10次）塗滿一格，每集滿10格行動1次，可用打勾、畫正字符號、塗色或戳洞來計數。
- 你可以在塗格子的時候，用不同的顏色或符號來代替你的心情，例如，感覺良好塗上紅色。

附錄：夢想百格

	1	2	3	4	5	6	7	8	9	10	行動
0											
1											
2											
3											
4											
5											
6											
7											
8											
9											

- 每重複想像計數1次（或10次）塗滿一格，每集滿10格行動1次，可用打勾、畫正字符號、塗色或戳洞來計數。
- 你可以在塗格子的時候，用不同的顏色或符號來代替你的心情，例如，感覺良好塗上紅色。

國家圖書館出版品預行編目資料

重複的力量：你覺得單調沒成就感的事，卻是成功的保證／胡碩匀）著；--初版, --臺北市： 大是文化，2012.07
面； 公分． --（Think；71）

ISBN 978-986-6037-38-2（平裝）

1. 習慣 2. 成功法

176.74 101009943

Think 71
重複的力量
你覺得單調沒成就感的事，卻是成功的保證

作　　者／胡碩匀
攝　　影／吳毅平
美術編輯／張皓婷
副總編輯／顏惠君
總 編 輯／吳依瑋
發 行 人／徐仲秋
會　　計／許鳳雪、陳嬅娟
版權經理／郝麗珍
行銷企劃／徐千晴、周以婷
業務助理／王德渝
業務專員／馬絮盈、留婉茹
業務經理／林裕安
總 經 理／陳絜吾

出　　版／大是文化有限公司
台北市衡陽路7號8樓
編輯部電話：（02）2375-7911
購書相關資訊請洽：（02）2375-7911　分機122
24小時讀者服務傳真：（02）2375-6999
讀者服務E-mail：haom@ms28.hinet.net
郵政劃撥帳號：19983366　　戶名：大是文化有限公司

法律顧問／永然聯合法律事務所
香港發行／豐達出版發行有限公司
Rich Publishing & Distribution Ltd
香港柴灣永泰道70號柴灣工業城第2期1805室
Unit 1805, Ph.2, Chai Wan Ind City, 70 Wing Tai Rd, Chai Wan, Hong Kong
Tel：2172-6513　Fax：2172-4355　E-mail：cary@subseasy.com.hk

封面設計／劉子瑜
內頁排版／Winni
印　　刷／鴻霖印刷傳媒股份有限公司

■ 2012年 7月初版
■ 2020年 11月25初版17刷
定價新台幣260元

Printed in Taiwan

（缺頁或破損的書，請寄回更換）

ISBN 978-986-6037-38-2